Para líderes que quieren lo mejor para sus jóvenes

LECCIONES
Bíblicas Creativas

✓ Clases dinámicas y fáciles de adaptar

✓ Para reuniones juveniles, clases de Escuela Dominical, grupos de discipulado o células

Doug Fields

de la Vida de Jesús

Para líderes que quieren lo mejor para sus jóvenes

LECCIONES
Bíblicas Creativas

✓ Clases dinámicas y
fáciles de adaptar

✓ Para reuniones juveniles,
clases de Escuela Dominical,
grupos de discipulado o células

Doug Fields

de la Vida de Jesús

Vida®

Especialidades Juveniles

*La misión de Editorial Vida es ser la compañía líder en comunicación cristiana que satisfaga las necesida-
des de las personas, con recursos cuyo contenido glorifique a Jesucristo y promueva principios bíblicos.*

LECCIONES BÍBLICAS CREATIVAS DE LA VIDA DE JESÚS
Edición en español publicada por
Editorial Vida – 2003
Miami, Florida

©2003 por Youth Specialties

Originally published in the USA under the title:
    Creative Bible Lessons from the Life of Christ
    Copyright © 1994 by Youth Specialties, Inc.
Published by permission of Zondervan, Grand Rapids, Michigan

Traducción: *Norma C. Deiros*
Edición: *Silvia Palacios de Himitian*
Diseño interior: *Eugenia Chinchilla*
Diseño de cubierta: *Luvagraphics.com*

ISBN: 978-0-8297-3671-7

CATEGORÍA: Educación cristiana / Jóvenes

IMPRESO EN ESTADOS UNIDOS DE AMÉRICA
PRINTED IN THE UNITED STATES OF AMERICA

09 10 11 12 ❖ 6 5 4 3 2

Dedicatoria

Este libro está dedicado a los obreros juveniles comprometidos que me ayudaron a ver a Jesús a través de su enseñanza y estilo de vida: Bill Bower, Jim y Cathy Burns, Marty Driggs, Mike Driggs, Randy Largent, Rick Larsh, Gary Lenhart, Gail McKay, Sydney Perry, Craig Sanders, Pam Sears, Brent y Dawn Watson, Doug Webster, y Gary Webster.

Agradecimientos especiales

Muchas de las ideas de este libro provienen de la colaboración de algunos buenos amigos, cerebros dotados, y obreros juveniles de calidad: Cathy Fields, Eddie James, Keith Page, Scott Rachels, Chris Schmaltz, y David Walker. También quiero extender este reconocimiento a mis alumnos del ministerio juvenil del Southern California College por implementar estas ideas en sus grupos de adolescentes y proveerme su valioso feedback. Por otro lado, este libro no se hubiera publicado si Noel Becchetti no hubiera aportado la idea, la capacidad editorial y la paciencia. Finalmente, gracias a Linda Kaye por compartir el ministerio y por su invalorable ayuda en todo lo relacionado con *Making Young Lives Count* [Cómo otorgar valor a las vidas jóvenes].

Sobre el autor

Doug Fields, fundador y director de *Making Young Lives Count*, se desempeña como orador en encuentros públicos a través de toda la nación, y también es profesor universitario y autor de más de una docena de libros, incluyendo *El ministerio juvenil con propósito*, *The One-Minute Bible for Students* [La Biblia en un minuto para estudiantes] *Videos That Teach* [Vídeos que enseñan] y *Ayúdenme, soy líder de jóvenes*. Doug es pastor de jóvenes en la Iglesia Saddleback del sur de California y con frecuencia lleva a cabo tareas de instructor en programas de entrenamiento de Especialidades Juveniles.

Si desea obtener más información acerca de *Making Young Lives Count*, o recibir algún folleto sobre recursos disponibles, por favor, póngase en contacto con Doug Fields en:

Making Young Lives Count
21612 Plano Trabuco Rd. Q-30
Trabuco Canyon, CA 92679
Teléfono: (949) 830-4042
e-mail: Linda@dougfields.com
www.youthministryonline.com

Presentación

El mensaje del evangelio es siempre el mismo. Sin embargo, la manera de comunicarlo tiene que ser adaptada a los distintos idiomas, culturas y edades. Jesús nos enseñó a comunicar la verdad del Padre de maneras creativas que resultaran efectivas para un tiempo preciso. El Maestro de maestros usó historias contextualizadas dentro de su época, elementos objetivos que graficaron principios, imágenes vívidas que quedaran grabadas en la memoria de sus seguidores y otros recursos de enseñanza para que sus discípulos entendieran lo que él quería enseñarles. Aun dando la misma lección, Jesús varió sus métodos una y otra vez para hacerla siempre fresca, atrapante y clara ante sus oidores.

Especialidades Juveniles y Editorial Vida se unen para brindar este material que ayudará a compartir las distintas verdades de la Palabra de Dios de manera creativa y al punto.

Sabemos que la tarea del maestro y líder de jóvenes y adolescentes requiere mucho esfuerzo y dedicación. Esta generación necesita descubrir que la Palabra de Dios resulta actual, emocionante y llena de respuestas a sus interrogantes. Somos nosotros, los que estamos en el ministerio juvenil, los encargados de presentarla con inteligencia y fe, sabiendo de la eterna riqueza que encierran las páginas del libro de Dios.

Cada lección viene cargada de ideas y sugerencias divertidas para hacerla más interesante y atractiva a los jóvenes. Juegos, actividades para romper el hielo, preguntas participativas, escenas cortas para interpretar, e ideas con un soporte de música o vídeos son algunos de los recursos que acompañan cada lección para poder adaptarla a las necesidades de los distintos grupos.

Los objetivos se expresan de manera clara y también el orden a seguir. Seguramente va a requerir algo de esfuerzo conseguir los materiales y preparar cada lección con esmero pero los jóvenes se sentirán más que agradecidos por este material.

Cada vez que usted vea libros con el sello de Especialidades Juveniles no dude en incorporarlos a su biblioteca de ministerio juvenil. Son herramientas que le proporcionarán ayuda vital en su trabajo con los jóvenes y adolescentes.

Dr. Lucas Leys
Director de Especialidades Juveniles

TABLA DE CONTENIDOS

Introducción

Este libro ha sido proyectado para proveernos las herramienta que nos ayuden a enseñar sobre Jesús en una forma renovada. Si usted ya es un maestro creativo, estas ideas funcionarán como trampolín para una mayor creatividad. Si está dispuesto a recibir una pequeña ayuda creativa, estas ideas ya vienen listas como para ser usadas; lo único que tiene que hacer es implementarlas.

En tanto que los métodos de instrucción varían, los mensajes son estables. Han sido diseñados para guiar a los alumnos a una comprensión mayor acerca de Jesús e incentivarlos hacia un compromiso más fuerte con su fe. Los alumnos aprenderán que Jesús fue más que simplemente un «hombre bueno.» Llegarán a conocerlo de maneras que probablemente nunca han experimentado antes. Y cuanto más sepan sobre Jesús, tanto más sabrán sobre Dios.

Deténgase en los primeros tres capítulos antes de entrar de lleno en los estudios en sí. Si usted tiene larga experiencia, estos le resultarán recordatorios; si es nuevo dentro del ministerio juvenil, le proveerán las bases para llegar a convertirse en un maestro más eficaz.

Espero que este libro constituya una herramienta de gran ayuda. Pero, lo que es más importante, deseo que estas páginas logren que sus alumnos lleguen a apreciar a Jesús de una manera nueva, y que sus vidas sean transformadas a través de la gracia de Dios y del compromiso que usted asuma al enseñarles acerca de aquel que es el Camino, la Verdad y la Vida.

Como compañero en el trabajo juvenil les deseo la bendición del Señor.

Doug Fields
Lecciones Bíblicas Creativas sobre la Vida de Cristo

CAPÍTULO
UNO

¿POR QUÉ USAR CREATIVIDAD EN LA ENSEÑANZA?

En mis años de ministerio juvenil no recuerdo que ningún alumno haya venido al grupo de adolescentes gritando: «¡Doug, danos otra charla sobre la Biblia! Nunca nos resulta suficiente lo que oímos». Por el contrario, la **mayoría** de los alumnos se sentaba inmóvil durante las charlas para jóvenes, semana tras semana porque sabía que el grupo de jóvenes era mucho más que simplemente una charla. (La palabra clave aquí es «mayoría»)

No obstante, cuando la charla se presenta en un envase creativo, los alumnos **generalmente** se muestran mucho más interesados en aprender la verdad de Dios. (Aquí la palabra clave es «generalmente».) La utilización de un enfoque creativo no es la cura universal para vigorizar a los alumnos apáticos o desinteresados, pero realmente ayuda. La enseñanza creativa no solo capta la atención de los alumnos sino que también les comunica la idea de que uno está dispuesto a hacer todo lo necesario para transmitirles el mensaje. Se dan cuenta de que uno adapta su estilo de enseñanza para hacerles claras las verdades eternas de Dios.

Existen tres razones por las que la enseñanza creativa me entusiasma:

La enseñanza creativa hace que la Escuela Dominical y el grupo de adolescentes resulten entretenidos.

La palabra «aburrido» se puede definir como hacer lo mismo una y otra vez. Y se ha señalado que solo los dementes hacen lo mismo una y otra vez esperando resultados diferentes. Si estas dos definiciones resultan ciertas, entonces, muchos grupos de adolescentes son ABURRIDOS y sus líderes unos DEMENTES. Enseñar siempre de la misma manera se torna aburrido, a pesar de que seamos buenos comunicadores.

Nuestros programas de Escuela Dominical y grupos de adolescentes deberían acabar definitivamente con el estereotipo de que la iglesia es aburrida. No intento sugerir que transformemos nuestros ministerios juveniles en circos para acabar con el aburrimiento, sino que me gustaría que pensáramos de nuevo el tema de por qué hacemos lo que hacemos y por qué enseñamos de la forma en que enseñamos.

Cuando se invierte tiempo en ser creativos, esto transforma el grupo de adolescentes en algo distinto. La Escuela Dominical se vuelve entretenida; los encuentros de adolescentes se tornan divertidos. Las verdades de la Palabra de Dios resultan realmente apasionantes: logremos que nuestros métodos de enseñanza lo sean igualmente.

Cada alumno tiene una manera diferente de aprender

Yo aprendo mejor las cosas haciéndolas. Mi esposa, escuchando y tomando notas. Mi hermana mayor aprende más cuando lee y mi hermana menor a través de la observación. Todos pertenecemos a la misma familia, y aun así cada uno tiene un estilo diferente de aprender.

Si siempre enseñamos de la misma manera, llegaremos con nuestro mensaje solo a una fracción de nuestros alumnos. Desafortunadamente, resulta bastante probable que nuestro pequeño grupo solo aprenda algunas «partes» a partir de nuestro estilo, porque probablemente cada uno tendrá estilos de aprendizaje adicionales que complementen sus estilos dominantes.

Si cada alumno tiene una manera diferente de aprender sería más inteligente enseñar usando métodos diferentes para poder ministrarles de forma eficaz. Tengo sobre mi escritorio un cartel que constantemente me desafía en cuanto a la forma de enseñar. Dice: HAY VARIOS ÁNGULOS DESDE LOS QUE LLEGAR AL CORAZÓN. Si machaco siempre en un solo lugar, perderé la oportunidad de llegar al corazón entero.

En realidad a los alumnos les gustaría aprender

Imaginemos lo que sería tener alumnos que desearan aprender sobre la Palabra de Dios. Esto resultará posible, y muy probable, en la medida en que desarrollemos métodos de enseñanza creativos y en que nos abramos a la utilización de nuevos enfoques.

Gracias a Dios, aprendí esta lección en mis primeros años de ministerio. Siempre quise ser un destacado orador juvenil, así que en mis primeros años dediqué mucho tiempo a preparar mis charlas. Y pensaba que estaba dando charlas excelentes. Eran exposiciones bíblicas entremezcladas con historias convincentes, ilustraciones, humor, y una aplicación personal. Me turnaba para enseñar en la Escuela Dominical, semana por medio, con una mujer llamada Robin. Ella no daba charlas. Dividía a los alumnos en pequeños grupos, les asignaba diferentes pasajes para leer y luego les hacía desarrollar estos pasajes en forma de guiones breves. Después los alumnos tenían que actuar las escenas contenidas en el pasaje y conversar acerca de lo que comprendían con respecto a esa escritura. ¡Eso era todo! Robin no definía ningún término teológico, no hablaba de estadísticas, no presentaba un sermón de tres puntos, y no dedicaba demasiado tiempo a su preparación. A los alumnos les encantaba que Robin les enseñara (aunque a mí todavía me cueste llamar a aquello enseñanza). Cuando yo trate, todo se me hizo claro: La mayoría de los alumnos disfrutaba de los métodos de Robin porque los incluía y de ese modo aprendían más. Por esa razón esperaban con interés el momento en que ella les transmitiera la enseñanza.

Enseñar la Palabra de Dios implica una responsabilidad y un privilegio tremendos. ¡Es un mensaje que cambia las vidas! Los métodos para comunicar este mensaje deben mostrar apertura hacia el desarrollo y la experimentación. Oro para que ustedes se abran un poco a la posibilidad de variación. Los resultados demostrarán que el esfuerzo valió la pena... ¡y en su momento algunos alumnos les darán gracias por ello! (Palabras clave aquí: «algunos» y «en su momento»).

CAPÍTULO DOS

Los diez componentes de la enseñanza efectiva

No es mi intención proporcionarles en este capítulo una tesis doctoral sobre métodos de instrucción bíblica. Tenemos a nuestro alcance diversos libros destacados sobre métodos de enseñanza. Lo que sí deseo es señalar diez de las maneras principales en que los alumnos aprenden. Estoy seguro de que habrá más, pero son estas diez las que tengo presentes cuando preparo una lección. Uso la lista para recordar permanentemente las formas en que aprenden los alumnos; pero a la vez ella me presenta el desafío de escoger siempre métodos diferentes de los utilizados con anterioridad. Y son las siguientes:

Hacer

Cuando logramos que nuestros alumnos hagan algo en respuesta al mensaje, entonces hemos tenido éxito. La participación dispara la curva de aprendizaje de un alumno hacia arriba.

Podemos enseñar durante seis años lo qué es ser un siervo, y los alumnos llegar a alcanzar todo el conocimiento intelectual necesario como para articular una teología del servicio y poder citar orgullosamente algunos pasajes de las Escrituras sin que eso implique que sean siervos. Cuando les proveo a mis alumnos la oportunidad de servir a una viuda de nuestra iglesia, ellos aprenden más sobre el servicio, a través de este solo acto, que por escucharme hablar largas horas.

La fe cristiana se alcanza a vivir mejor, y los alumnos maduran más, cuando nosotros les damos la oportunidad de experimentar y practicar las verdades de Dios.

Ver

Muchos de nuestros alumnos se han criado mirando Plaza Sésamo y otros programas y están acostumbrados a aprender a través de la observación. Miran mucha televisión y han sido condicionados para aprender a través de este medio. Cuando reciben el mensaje visualmente, ellos lo incorporan a través de su memoria visual y les queda registrado por un espacio de tiempo significativo.

Actuar

Como lo mencioné en el capítulo anterior, a muchos alumnos les encanta leer las Escrituras y luego escenificarlas. La actuación logra sacarlos de sus asientos, ponerlos en movimiento, incluirlos para que interactúen y se pongan a pensar en cómo traducir la Palabra de Dios a la lengua vernácula de hoy. Este medio ayuda a grabar los pasajes en la memoria de los alumnos.

Escribir

Los escritos creativos y la expresión de sentimientos a través del papel constituyen una forma eficaz de comunicación y aprendizaje para los adolescentes. Muchos alumnos «incursionan» en la poesía o en la composición de canciones y bien podrían aplicar estos métodos para explorar verdades bíblicas si se les diera la oportunidad.

Crear

Descubrí casualmente este método cuando les pedí a algunos alumnos que me ayudaran a preparar un sermón para los adultos de nuestra congregación. A ellos se les ocurrieron muy buenas ideas, enfoques renovadores e ilustraciones pertinentes. Estos alumnos me fueron de tanta ayuda, que les pedí que volvieran cada semana para colaborar en la creación de mensajes y lecciones para adolescentes. Les encantó la oportunidad de interactuar conmigo de una manera distinta y sintieron que pertenecían a mi «círculo intimo». Esta oportunidad constituyó un desafío para que estos alumnos desarrollaran una lección o mensaje con creatividad propia. Ellos escudriñaban las Escrituras, pensaban en métodos creativos para comunicar las verdades, y me aseguraban de este modo que resultaran adecuadas y aplicables a sus pares.

Jugar

Nunca olvidaré aquella vez en que mi maestra de Escuela Dominical de quinto grado explicó un juego de bingo bíblico. Hoy podría parecer una idea tonta, pero en ese momento yo no podía creer que ella usara la palabra que empieza con «J» (juego) dentro de la iglesia. Yo creía que no se podía jugar en la Escuela Dominical. Pero nos divertimos tanto jugando a ese bingo bíblico, que la Sra. Miller siguió creando nuevos juegos bíblicos todas las semanas. La alegría de esos juegos y de los descubrimientos que hacíamos es algo que siempre voy a recordar, y por otro lado nunca olvidaré algunas de las verdades espirituales que aprendí en sus clases.

Oír

Pocos alumnos tienen como su mejor método de aprendizaje el escuchar a su maestro. Con todo, puede ser que aprendan, pero la forma expositiva de comunicar es una de las menos efectivas.

Lo que aumenta la efectividad de la enseñanza a través del discurso es la utilización de historias. Como sabemos, la narración fue uno de los métodos favoritos de Jesús, y resultaba muy efectiva. A pesar de que los alumnos no lo admiten, estoy convencido de que todavía les encantan las historias. Los adolescentes han escuchado cientos de historias durante su infancia; si se les da a elegir entre escuchar una charla o una buena historia, estoy seguro de que elegirán siempre la historia.

Dibujar

Algunos de los alumnos más creativos y con aptitudes artísticas del grupo de adolescentes son los últimos en ofrecerse para actuar o para compartir sus sentimientos en público. Muchos de estos alumnos con inclinación hacia lo artístico son reservados y eligen expresarse a través de su arte. Es bueno darles la oportunidad de expresar su fe dibujando lo que «ven» en las Escrituras. Se les puede indicar un pasaje y permitirles interpretarlo a través del dibujo. Veremos algunos resultados interesantes, y tendremos la oportunidad de ministrar a aquellos alumnos difíciles de alcanzar a través de métodos más tradicionales.

Cooperar

Algunos de nuestros alumnos pueden aprender mejor trabajando con otros. Conozco algunos estudiantes muy aficionados a entablar relaciones que no pueden hacer nada por sí solos, pero que cuando se les da la oportunidad de trabajar con otros demuestran una captación mejor y más profunda de las enseñanzas.

Vivir

Este último componente está muy relacionado con nosotros como maestros. Los alumnos aprenden mucho de nosotros y de nuestra manera de vivir. Absorben el mensaje que les damos sobre el amor de Dios y la fe cristiana en su interacción con nosotros. Nunca subestimemos el poder de transmisión que tiene nuestro estilo de vida.

Realmente no recuerdo muchos de los mensajes que oí cuando era adolescente, pero las verdades que observé encarnadas en mis líderes me dejaron una huella permanente. Los adolescentes son rápidos para olfatear la falsedad. Esperan que las personas reales sean verdaderos modelos de lo que significa amar a Dios y vivir como cristianos. Probablemente sea esa la razón por la que Santiago escribió en su carta: «Hermanos míos, no pretendan muchos de ustedes ser maestros, pues, como saben, seremos juzgados con más severidad» (Santiago 3.1).

CAPÍTULO TRES

Cómo usar este libro

No hay una sola forma de usar este libro. Las ideas y métodos que presentamos pueden implementarse de muchas maneras diferentes. Nuestra mayor preocupación no debería ser cómo poner en funcionamiento una idea dada, sino más bien poder evaluar cuánto aprenden nuestros alumnos sobre Jesús. Si se divierten mucho pero no aprenden nada de Jesús, el propósito de estos estudios no se cumple.

Conozco bastante sobre el ministerio juvenil, y sé cómo comunicar las verdades a los alumnos de mi grupo de adolescentes, pero no conozco a los alumnos de ustedes. Nadie conoce mejor a sus grupos que ustedes mismos. Las ideas presentadas en este libro generalmente funcionan bien, pero ustedes deben sentirse libres para adaptarlas de modo que les sirvan específicamente para su grupo. Las sugerencias de este libro no son infalibles. Si una no se adecua, pásenla por alto o úsenla como trampolín para otra que funcione mejor con sus alumnos.

Permítanme repasar con ustedes algunos de los pasos para poder usar estas lecciones bíblicas creativas eficazmente.

Familiarizarse con el formato de la lección

A los efectos de dar algún tipo de continuidad a las doce lecciones incluidas en este libro, he elegido estos cinco componentes:

Introducción. Las ideas que se presentan en esta sección están destinadas a captar el interés del alumno de una manera ágil, divertida y alegre. Algunas de estas ideas se pueden usar a modo de juego; otras tienen como propósito el resultar humorísticas. La mayor parte de nuestras sugerencias requieren poca preparación: algunas fotocopias, algunos elementos, unos pocos materiales escritos, y eso es todo. El punto principal a recordar en cuanto a la introducción es realizarla de un modo informal. Pongan en práctica estas ideas con el fin de romper el hielo dentro del grupo; permitan que los alumnos se diviertan, que se puedan levantar de sus asientos, que interactúen y que de ese modo se pueda comenzar la lección con una nota simpática.

Participación. Las ideas que se presentan en esta sección van dirigidas a captar el interés de los alumnos en uno de los puntos principales de la lección. Al igual que la introducción, esta sección pone a los alumnos en movimiento para que interactúen unos con otros. Las ideas incluidas en esta sección no se vinculan necesariamente con la tesis de la lección en una forma directa, pero están pensadas como para hacer surgir el punto central.

Observación. Las ideas que aparecen en esta sección llevan como propósito el permitir que los alumnos «visualicen» parte de la lección. Estas ideas ayudarán a los alumnos a establecer una conexión visual con la lección. En la mayoría de los casos, la observación llevará al momento de la instrucción, lo que conducirá hacia la enseñanza. En las tres ocasiones en que la observación se produce después de la enseñanza (lecciones uno, dos y nueve), se utiliza para reforzar lo que se ha enseñado.

Instrucción. Las ideas que se presentan para esta sección están dirigidas a ser una ayuda en la comunicación de algunas verdades bíblicas a los alumnos. Por nuestra cuenta podemos encontrar materiales interpretativos adicionales para cada pasaje seleccionado. Debemos utilizar aquellos que mejor se ajusten a nuestro estilo y creencias, y al grupo. No pretendo ser un teólogo. Las verdades que presento son aquellas respuestas que obtuve cuando me pregunté: «¿Por qué está esto en la Biblia y qué significa para nuestros alumnos hoy?». Estas sugerencias en cuanto a la instrucción intentan proveer orientación en determinada línea, y no se han desarrollado como charlas completas para adolescentes. Si deseamos que los alumnos investiguen un poco más a fondo el texto de las Escrituras podemos utilizar las preguntas extras en el apartado que se titula «Profundización.» Estas preguntas estimularán a los alumnos a ahondar en el texto para encontrar respuestas.

Aplicación. Las ideas que presentamos en esta sección están pensadas para ayudar a los alumnos a realizar una aplicación inmediata de la verdad bíblica enseñada. En algunas de las lecciones se señalan pasos de acción que los alumnos deben dar o se sugieren elementos que se puedan llevar a sus casas. La meta de esta sección es ayudar a que se responda la pregunta «¿y entonces qué?», para mostrarles de qué manera la lección se relaciona con sus vidas.

Calcular bien el tiempo

Cada lección se ha planificado como para completarse en cincuenta minutos. Dado que cada grupo de adolescentes y el ambiente en el que se desarrolla la enseñanza varían, debemos leer cuidadosamente cada lección para hacer los ajustes de tiempo necesarios. Tal vez no sea posible utilizar todo el material dentro del tiempo de que disponemos. ¡Está bien! Usemos lo que mejor se adapte a la cantidad de tiempo disponible y guardemos el resto del material para otra reunión.

Dedicar tiempo a la preparación

Este libro fue escrito para acortar nuestros tiempos de preparación, pero no para eliminarlos totalmente. Es preciso leer de punta a punta cada lección con una anticipación de no menos de dos horas antes de enseñarla. La mayor parte del tiempo de preparación se dedica a leer la lección, fotocopiar lo que se debe repartir, y reunir algunos materiales. (Si ustedes tienen tanta suerte como yo con las fotocopiadoras, no esperen hasta último momento para hacer las copias a repartir.) Este material impreso realmente aumenta la calidad de «percepción» del alumno en cuanto a las lecciones.

También es necesario dedicar algunos minutos a pensar las transiciones entre una sección y la otra (por ejemplo, entre la participación y la instrucción). Algunas de las transiciones sugeridas proveen los comentarios específicos a utilizar como puentes, mientras que otras requieren que busquemos una oración conectiva o una indicación precisa que haga el fluir de la enseñanza más comprensible.

Añadir creatividad propia

¿Somos de las personas que declaramos no tener una veta creativa en nuestro intelecto? Bueno, aparte de que eso no es verdad, podemos descansar en el hecho de que la esencia de la creatividad en cuanto a estas lecciones radica en nuestra habilidad para copiar estas ideas y adaptarlas a nuestra situación.

Si nos queda tiempo como para algo de preparación adicional, pensemos en cómo enriquecer las ideas provistas con otras ilustraciones y aplicaciones personalizadas.

Ser flexibles

Si ocurriera alguna situación en la que uno o varios de los alumnos comenzaran a expresar un sentimiento de dolor o necesitaran que se les ministrara personalmente, estemos listos para adaptarnos a ella. Si se producen cambios en las vidas durante el momento de la participación, no forcemos la situación para avanzar hacia el período de instrucción. Dejemos que las cosas sigan su curso, aun cuando nos quedemos sin tiempo. Tal vez la agenda de Dios sea diferente de la nuestra. Al ser flexibles le permitimos a Dios obrar en su tiempo.

He descubierto que la mayoría de los «momentos agendados por Dios» llegan en tiempos en que no los hemos planeado. La meta al educar alumnos no debe ser la eficiencia sino la eficacia.

Realizar las adaptaciones necesarias considerando las dimensiones del grupo

No caigamos en la trampa de decir: «Esto no va a funcionar debido al tamaño de mi grupo.» Analicemos cada sección y a través de una tormenta de ideas descubramos las maneras de agrandar o achicar las propuestas.

Dios debe constituir el centro del proceso

Seamos sinceros: es posible engañar a cualquiera con respecto a la profundidad de nuestra experiencia espiritual. Bueno, a cualquiera menos a Dios. Encontraremos más sabiduría, fuerza y paciencia cuando encomendamos a Dios cada lección y nuestro rol como maestros. Dios no espera que seamos los maestros más excelentes de todos los tiempos; ni siquiera espera que tengamos una vida perfecta. Pero Dios sí quiere que hagamos todo lo posible y tengamos fe en que él hará lo imposible.

Pero tenemos este tesoro en vasijas de barro para que
se vea que tan sublime poder viene de Dios y no de nosotros...
2 Corintios 4:7

LECCIÓN UNO

JESÚS COMO DIOS
Juan 14:5-11; 20:24-29

MATERIALES NECESARIOS

- *Preguntas infantiles* (página 25)
- Una Biblia
- Lápices
- Un vaso de agua
- Un vaso con hielo
- Copias de *Querido Jesús* (página 26)
- Sobres

Resumen previo

Esta lección va dirigida a enseñar a los alumnos que Jesús era tanto humano como divino. Jesús era Dios en carne. Esta lección también muestra que muchas personas han cuestionado la afirmación de Jesús en cuanto a que era divino. Esto incluye a sus seguidores más cercanos. Además tiene el propósito de presentar ante los alumnos el desafío de llegar a un momento en su fe en que puedan decir: «Jesús, mi Señor y mi Dios».

Introducción (5 minutos)

Esta sección pone a los alumnos a pensar sobre algunas de las preguntas difíciles que la gente se hace con respecto a Dios.

1) Buscar un libro que contenga preguntas o citas acerca de Dios hechas por niños. Si resulta difícil encontrar alguno, se pueden usar los ejemplos dados en *Preguntas Infantiles* (página 25).

2) Comenzar la lección leyendo las cosas graciosas que los niños dicen acerca de Dios.

3) Dar a los alumnos la oportunidad de agregar sus propias preguntas o mencionar aquellas cosas que se cuestionaban acerca de Dios cuando eran niños.

4) Después de leer algunas de esas afirmaciones, decir: **Es normal tener interrogantes con respecto a Dios. Hay muchas cosas sobre Dios que son difíciles de comprender. Una de ellas es entender cómo Jesús puede ser Dios y de esto vamos a hablar hoy.**

Participación (15-20 minutos)

Esta sección lleva a pensar a los alumnos acerca de lo ridículo que es creer que un ser humano puede ser igual a Dios.

1) Decirles a los alumnos que durante los siguientes minutos se van a imaginar que ellos son Dios y que tienen el poder de hacer cualquier cosa. En su rol como Dios, pueden cambiar cualquier situación o crear cualquier cosa que quieran, mientras el efecto sea positivo. Tienen que sugerir todas las ideas que puedan en diez minutos. Señalar que deben concentrar sus ideas y acciones dentro de estas cuatro categorías:

- personal
- familiar
- escolar
- mundial

Hay que alentar a los alumnos a ser creativos y divertirse, pero también a abordar algunos de los temas difíciles que se presentan en sus vidas y en el mundo.

2) Guiar a los alumnos a escribir cada una de las diferentes acciones en hojas de papel separadas. Cuando hayan terminado, pueden ponerse de pie y pegar sus ideas con cinta adhesiva en cuatro paredes identificadas con las cuatro categorías mencionadas (personal, familiar, escolar, mundial).

3) Después de colocar las ideas en las paredes, ir de pared en pared animando a los alumnos a explicar y discutir las acciones de las listas.

Instrucción (10-15 minutos)

Esta sección busca ayudar a los alumnos a entender que Jesús realmente afirmó ser Dios, y que aun algunos de sus seguidores más cercanos tuvieron dificultades en aceptar esa afirmación.

1) Ya que los alumnos han actuado el papel de Dios, se les puede pedir que señalen algunas de las principales diferencias entre Dios y los seres humanos. Debemos estar preparados para ayudarlos a expresar sus respuestas e inducirlos a considerar verdaderamente en qué consisten las diferencias.

2) Después de que los alumnos señalen algunas de las diferencias, podemos preguntarles si están o no de acuerdo con la siguiente afirmación:

Ya que Jesús era humano y declaraba ser Dios, sería posible que también alguno de nosotros fuera igual a Dios.

3) Después de solicitar su respuesta a esta afirmación, expliquémosles que muchas personas, iglesias y religiones declaran conocer el camino hacia Dios y la verdad sobre Dios; algunos aún pretenden ser Dios o ser iguales a Dios.

PROFUNDIZACIÓN

1) Volver a leer Juan 14:5-11. Hacer una lista de todas las afirmaciones que Jesús hizo en cuanto a ser igual a Dios. ¿Cuál resulta más convincente? Explicar por qué.

2) En Juan 14:5 es la mente inquisitiva de Tomás la que quiere saber los cómo y los por qué. Y en Juan 20:24-29 es también Tomás quien pide evidencias contundentes antes de creer. Considerar Juan 20:26-29. ¿Cómo reaccionó Jesús frente a Tomás? ¿Qué nos dice la reacción de Jesús con respecto a él?

4) Leer luego en voz alta Juan 14:5-11. Enfatizar que Jesús afirmaba ser Dios («... El que me ha visto a mí, ha visto al Padre», versículo 9 b).

5) Explicar que aun aquellos que estaban más cerca de Jesús tenían serias dificultades en creer esa afirmación. Leer Juan 20:24-29. Aun uno de los discípulos, Tomás, tenía problemas en creer que Jesús era Dios.

6) Hacer las siguientes observaciones:

Tomás solicitó evidencias para creer que Jesús era realmente Dios. Necesitaba ver que Jesús se había levantado de los muertos.

La duda de Tomás finalmente se transformó en convicción. El exclamó: «¡Mi Señor y mi Dios!»

7) Volver a enfatizar que Jesús no era solamente un humano: él era Dios.

Observación (5 minutos)

Esta sección ayuda a los alumnos a comenzar a captar el misterio de que Jesús era completamente Dios y completamente hombre, y que no renunció a su naturaleza divina cuando se hizo humano.

1) Decirles algo así: **Muchas personas se frustran porque no pueden entender cómo Jesús podía ser humano y divino a la vez, tratándose de dos naturalezas por completo diferentes. Por eso ahora quiero ayudarlos a comprender esta verdad tan difícil a través de un ejemplo semejante en otra área.**

2) Sostener un vaso con hielo y preguntar a los alumnos de qué está hecho el hielo. (Respuesta: de agua o de agua congelada.)

3) Sostener un vaso de agua y preguntar de qué elementos está hecha el agua. (Respuesta sorpresa: ¡de agua!)

4) Los alumnos podrán notar que el agua y el hielo son dos manifestaciones del mismo elemento. El hielo y el agua tienen diferentes propiedades, pero provienen de la misma fuente.

5) Explicar que esto se asemeja a las dos naturalezas de Jesús. Ambas son diferentes, y aun así iguales. Jesús era claramente humano; ¡pero sin embargo, también verdaderamente Dios! Afirmar: **Aun cuando tengamos dudas e interrogantes: hay un hecho concreto: ¡Jesús es Dios!**

Aplicación (10 minutos)

Esta sección permite a los alumnos expresar sus sentimientos e interrogantes acerca de Jesús.

1) Explicarles que a Dios no le sorprenden ni le molestan nuestras preguntas. Es normal que los cristianos tengan dudas, y un tema como el de hoy puede generar muchas preguntas.

2) Comunicar a los alumnos que le van a escribir una carta a Dios, expresando tanto su fe como sus preguntas, ahora que están comenzando esta serie sobre la persona de Jesús.

3) Distribuir copias de papel carta con el encabezamiento *Querido Jesús* (página 26) y sobres en blanco entre los alumnos.

4) Pedir a los alumnos que comiencen a escribir sus cartas. Alentarlos a ser sinceros con Dios acerca de las dudas y preguntas que puedan tener. Desafiarlos a que se animen a pedirle a Dios que les dé evidencias específicas que finalmente los ayude a reaccionar como Tomás, diciendo: «¡Mi Señor y mi Dios!»

5) Cuando los alumnos hayan terminado, deben colocar la carta dentro del sobre y cerrarlo y luego escribir sus nombres en el sobre. Recoger los sobres e informar a los alumnos que los recibirán al final de la serie de doce semanas.

Preguntas infantiles

Extraídas del libro *101 Questions Children Ask about God*
[101 Preguntas que los niños hacen sobre Dios], por David Veerman.

¿Dios duerme o solo descansa?

¿Cómo hace Dios para que la luna y el sol salgan y se pongan?

¿Dios hizo gente en el espacio exterior?

Si Dios hizo las arañas, ¿por qué la gente las aplasta?

¿Cómo puede Jesús caber en mi corazón?

¿Hay un McDonalds en el cielo?

¿Por qué Dios simplemente no hace desaparecer a la gente mala?

Aquí incluimos un ejemplo de carta tomado del libro *Children's Letters to God [Cartas de los niños a Dios]*, por E. Marshall y S. Hample.

Querido Dios:
La iglesia está buena pero seguramente podrías mejorar la música. Espero que esto no lastime tus sentimientos.

LECCIÓN DOS

JESÚS COMO HUMANO

Mateo 4:1-11

MATERIALES
NECESARIOS

- Una copia del vídeo *What about Bob? [¿Qué pasa con Bob?]*
- Un televisor
- Un vídeo reproductor
- Mazos de naipes
- Premios para un juego ficticio
- *Las siete Señales de la Pubertad* (página 31)
- *Jesús como adolescente* (página 32)
- Retroproyector *(opcional)*

Introducción (10-20 minutos)

Esta sección introduce el tema de seguir las reglas del juego.

1) Conseguir el vídeo *What about Bob [¿Qué pasa con Bob?]*, en el que actúan Bill Murray y Richard Dreyfuss.*

2) Presentar este trozo de vídeo diciendo: **Estas escenas presentan a Bob mintiendo para lograr ver a su consejero que está de vacaciones. Observen que Bob rompe todas las reglas de lo que debe ser una relación saludable entre un terapista y su paciente.** Comenzar con la escena que sigue luego que Bob entra en el ascensor *(15 minutos después de comenzar el vídeo)* y terminar cuando Bob y el Dr. Marvin arreglan una entrevista telefónica a las 4 de la tarde.

3) Después de mirar el trozo de vídeo, pedir a los alumnos que piensen en experiencias similares a esa, en las que alguna persona (o ellos mismos) no siguieron las reglas y en el resultado que esto produjo. Pedir que algunos cuenten esas historias en voz alta.

4) Si no se puede conseguir el vídeo, solicitar a los alumnos que describan diferentes situaciones en las que se sienten molestos cuando la gente no respeta las reglas. Por ejemplo, cuando una persona circula por el costado del camino en medio de una aglomeración de tránsito. Continuar desarrollando el punto tres, y solicitar a los alumnos que den ejemplos específicos.

* Ver el vídeo previamente para asegurarse de que resulta apropiado para el grupo. Si no se considera apropiado, sustituirlo por otro vídeo o por otra actividad.

Participación (10-15 minutos)

El ejercicio de esta sección ha sido diseñado para lograr que los alumnos se sientan frustrados al experimentar lo que significa soportar la conducta de una persona que sigue sus propias reglas.

1) Anunciar que van a participar de un breve juego de naipes.

2) Darle un mazo de naipes a cada grupo de entre ocho y diez alumnos. Si el grupo está formado por diez alumnos o menos, mantener un solo grupo.

3) Si hay gente como para formar más de un grupo, elegir con anticipación un líder por cada grupo. Tomar aparte a los líderes e informales que ellos pueden cambiar las reglas del juego cada vez que les toque jugar. Ninguno de los otros alumnos debe conocer esta pequeña regla.

4) Explicar el juego, dando las siguientes instrucciones:

   a) El ganador del juego será el primero que se quede sin cartas (El juego se parece al *Uno*).

   b) El líder comienza el juego colocando en medio cualquier carta que quiera.

   c) Siguiendo la rueda, la próxima persona deberá colocar una carta que sea del mismo palo (espada, corazón, diamante, o basto) o del mismo número que la jugada anteriormente. Por ejemplo: si alguien jugó un siete de corazón, la siguiente persona tiene que colocar un siete de cualquier palo u otro corazón de cualquier número.

   d) Si el jugador no tiene una de esas cartas en la mano, debe tomar otras del mazo hasta conseguir una carta que le sirva.

   e) Cada persona debe jugar una sola carta por vez.

5) Cuando le toca el turno al líder, este debe cambiar las reglas de modo que siempre pueda jugar una carta. Obviamente, esto dará al líder una ventaja injusta: pero ese es el punto del juego.

   Aquí va un ejemplo para el líder: Aun si él tuviera la carta apropiada, debería bajar una incorrecta y establecer una nueva regla. Podría decir: **De ahora en adelante, cada vez que alguien juegue un dos, lo consideraremos un siete.** Coloca entonces el siete sobre el dos que ha sido jugado. Se debe ser creativo en los cambios de reglas.

Los líderes tienen que hacer todo lo necesario como para crear ventajas injustas que les permitan ganar el juego. Cuando los alumnos se quejen (¡y lo harán!), simplemente deben decirles que siendo los líderes del juego tienen derecho a cambiar las reglas cada vez que quieran.

Que traten de cambiar las reglas por lo menos tres o cuatro veces para asegurarse de ganar el juego. (La partida no debe tomar más de 3 ó 4 minutos.) Cuando el juego termine, cada líder reclamará el premio y se declarará campeón, haya ganado realmente o no.

6) Reunir otra vez al grupo de alumnos (que a esta altura estarán a los gritos) y a los líderes victoriosos. Los alumnos probablemente se apresurarán a decir que las partidas no fueron justas porque los líderes se pasaron cambiando las reglas en su beneficio. Ellos responderán diciendo: **Bueno, realmente nos gustaban los premios y queríamos estar seguros de ganarlos.** Se les entregarán los premios.

Instrucción (5-10 minutos)

Esta sección ayudará a los alumnos a entender que Jesús siguió las reglas de juego humanas cuando muy bien hubiera podido cambiarlas para asegurarse la victoria.

1) Comenzar diciendo: **El juego de naipes no fue justo porque el líder tuvo una ventaja enorme sobre los jugadores. No fue muy divertido y causó tensión en los grupos.**

2) Luego decir: **Quiero leerles una historia sobre la ocasión en que Satanás tentó a Jesús. Mientras leo la historia, observen que Jesús reaccionó como ser humano aun cuando como Dios pudo haber usado sus poderes sobrenaturales para destruir a Satanás.**

3) Leer Mateo 4:1-11, y luego hacer las siguientes observaciones:

a) Jesús experimentó tentaciones increíbles, pero siguió las reglas establecidas por Dios. Jesús renunció a su lugar junto a Dios para transformarse en humano.

b) Al hacer esto, Jesús estaba expuesto a enfrentar la misma clase de tentaciones que nosotros podemos enfrentar.

c) A pesar de que Jesús era plenamente humano y enfrentó cada tentación común a la humanidad, también era completamente Dios y nunca cedió ante la tentación ni pecó.

Observación (10 minutos)

Esta sección ayuda de manera creativa a que los alumnos perciban la verdad de que Jesús en su momento fue un adolescente totalmente humano.

1) Distribuir copias de *Las siete señales de la pubertad* (página 31) y dedicar unos minutos a explicar las típicas «señales» de la adolescencia. Según el humor que demuestre el grupo, realizar descripciones divertidas, de modo que los alumnos se identifiquen con las ilustraciones.

PROFUNDIZACIÓN

1) ¿De qué tres maneras Satanás tentó a Jesús para que usara sus poderes sobrenaturales? (Podría ser necesario brindar algo de ayuda a los alumnos en este punto. Satanás tentó a Jesús a usar su poder para satisfacer sus propias necesidades, para realizar un milagro espectacular que atrajera a la multitud, y para comprometerlo consigo mismo.)

2) ¿Por qué no usó Jesús sus poderes sobrenaturales? ¿Qué usó en su reemplazo y por qué?

3) ¿De qué manera el ejemplo de Jesús nos ayuda cuando sentimos la presión de rendirnos al pecado?

2) Después de repasar *Las siete señales de la pubertad,* mostrar el dibujo de *Jesús como adolescente* (página 32) que también muestra las «señales» de la pubertad. Esta ilustración debería provocar en los alumnos una reacción de asombro («¡Qué te parece!») al darse cuenta de lo humano que era Jesús realmente. (Si fuera posible, fotocopiar estos folletos en transparencias para usarlas en un retroproyector. Todo quedará bajo control cuando los alumnos vean el punto principal que se intenta señalar. Si se usan copias, entregarlas en dos hojas separadas de modo que no perciban la relación entre ellas inmediatamente y de esa forma se logre un poco más de tiempo para destacar la humanidad de Jesús.)

Aplicación (5 minutos)

Esta sección proporciona a los alumnos otro pasaje bíblico que habla de la humanidad de Jesús, a la vez que nos recuerda que Jesús eligió hacerse uno de nosotros.

Leer esta versión parafraseada de Hebreos 4:15:

> **Debido al deseo de Jesús de seguir las reglas del juego, de hacerse completamente humano, y de enfrentar toda tentación que alguna vez nosotros enfrentamos, tenemos un Salvador que entiende nuestras luchas. Pero dado que nunca pecó, también tenemos un Salvador que pagó el precio por nuestros pecados.**

2) Si es posible, entregar a cada alumno uno de los naipes para que lo lleve a su casa. Si se dispone de tiempo, hacer que los alumnos escriban el versículo de Hebreos en su naipe. Sugerir a los alumnos que usen los naipes como recordatorios de que Jesús, siendo Dios, pudo haber seguido sus propias reglas, pero quiso identificarse con nosotros y con nuestras luchas. Haciéndose como uno de nosotros siguió las reglas humanas para que nosotros pudiéramos resultar beneficiados y tener una ganancia eterna.

Las siete señales de la pubertad

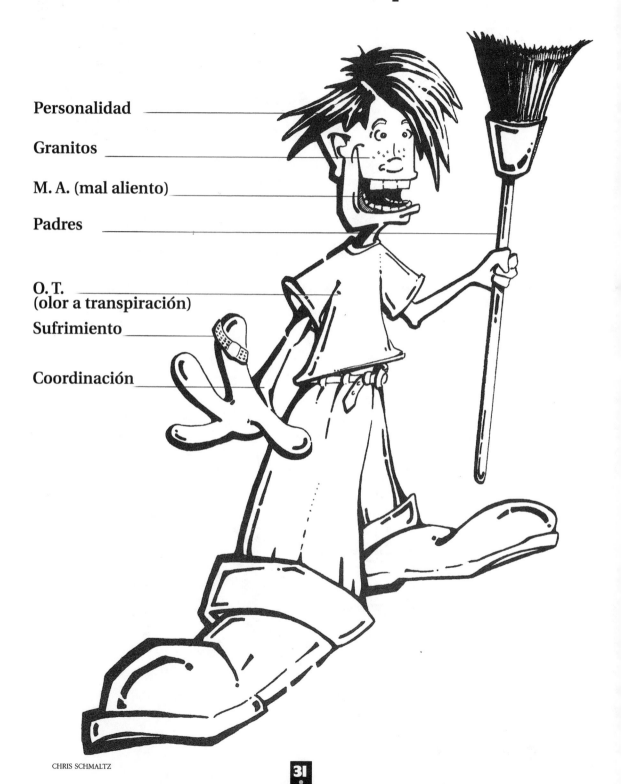

Personalidad

Granitos

M. A. (mal aliento)

Padres

O. T.
(olor a transpiración)

Sufrimiento

Coordinación

CHRIS SCHMALTZ

JESÚS COMO ADOLESCENTE

LECCIÓN TRES

JESÚS COMO SANADOR
Marcos 2:1-12

Resumen previo

Esta lección está diseñada para ayudar a los alumnos a entender que el poder sanador de Jesús no se limitó a su tiempo aquí en la tierra. El poder sanador de Jesús sigue disponible hoy tanto para producir sanidad espiritual como física. (Nota: Esta lección puede ser adaptada si uno tiene algún estudiante con una discapacidad física o una enfermedad seria dentro del grupo. La lección puede resultar útil, pero se le debe manejar con cuidado. Debemos prepararnos para responder preguntas acerca de por qué Dios no ha sanado físicamente a ese alumno en particular.)

Introducción (5-10 minutos)

Esta sección llevará a los alumnos a pensar en la enfermedad de una manera más distendida.

1) Distribuir copias de *Términos médicos sorprendentes* (página 36) y dar tiempo para que los alumnos seleccionen sus respuestas.

2) Después de unos minutos, leer las respuestas correctas y premiar al o a los ganadores con una caja de esparadrapos, una tobillera, un antiácido o algún otro regalo disparatado que tenga relación con dolores, lesiones o enfermedades. Las respuestas correctas son: 1) b; 2) a; 3) c; 4) b; 5) b; 6) a; 7) a; 8) b; 9) b; 10) a.

Participación (10-15 minutos)

Estos ejercicios harán que el grupo se sienta algo incómodo al observar cómo alguien lucha por realizar una tarea simple. La intención es que los alumnos comiencen a pensar en lo afortunados que son por hallarse en condiciones físicas saludables.

Se puede utilizar uno de los dos ejercicios que siguen, o los dos, dependiendo del tiempo de que se disponga y de la participación del grupo. El ejercicio 1 resulta mejor para un grupo pequeño, y el ejercicio 2 resulta más fácil de llevar a cabo y se aprecia mejor dentro del marco de un grupo grande.

Ejercicio 1: Solicitar que algún alumno se ofrezca voluntariamente. Hacer que se quite los zapatos y las medias y que se siente en el piso. Colocar una Biblia sobre el piso, abierta en Marcos 2:1-12, darle al alumno una lapicera y un block de papel y pedirle que escriba el pasaje de Marcos 2:1-12 usando solamente sus pies. Se puede aumentar el nivel de dificultad haciendo que el alumno ponga sus manos detrás de la espalda.

Ejercicio 2: Cubrir los ojos de algún estudiante que se ofrezca voluntariamente y guiarlo a un lugar específico del salón de reuniones. Hacerlo girar hasta que se desoriente, y luego indicarle que debe desplazarse hasta otro lugar del salón.

Observación (5 minutos)
Esta sección permite que los alumnos observen al maestro luchando por realizar una tarea sencilla. También tiene el propósito de lograr el enganche con el período de instrucción.

1) El maestro se atará la mano más hábil detrás de la espalda.

2) Se parará delante de una mesa en la que se ha dispuesto mantequilla de maní, jalea, pan y un cuchillo de cocina. Hará el comentario de que quiere prepararse un bocadillo para mantener su nivel de energía.

3) Tratará entonces de preparar un sándwich con la mano libre.

4) Mientras lucha por preparar el sándwich, comenzará con la fase de instrucción.

Instrucción (15 minutos)
Esta sección enseña a los alumnos que Jesús sana tanto física como espiritualmente.

1) Recordarle a los alumnos el privilegio que tienen en poseer un cuerpo con capacidad de trabajo. Se podría decir: **Muchos de nosotros no nos identificamos con la posibilidad de tener que realizar un esfuerzo para llevar a cabo una tarea tan simple como preparar un sándwich. Tendemos a pensar que las cosas se hacen fácil y naturalmente. Quiero leerles una historia sobre un hombre discapacitado y su encuentro con Jesús.** De paso, cuando el maestro termine de preparar el sándwich, puede comerlo y luego desatar su mano.

2) Leer en voz alta Marcos 2:1-12.

3) Luego decir: **Quiero hacer algunas consideraciones sobre esta historia:**

> a) **La sanidad de este hombre comenzó con el perdón (versículo 5).**

PROFUNDIZACIÓN

1) ¿Qué diferentes reacciones provocó la curación de este hombre? En esta historia, ¿quién fue el que entendió realmente lo que Jesús estaba haciendo?

2) Pongámonos cada uno de nosotros en el lugar del paralítico. Estamos sobre el lecho, mirando hacia arriba al rostro de Jesús, y entonces él dice: «Hijo, tus pecados te son perdonados». ¿Qué pensaríamos? ¿Era esto lo que esperábamos? ¿Por qué? ¿Por qué no?

b) **La enfermedad no fue impedimento para que este hombre buscara a Jesús (versículos 2-4).**

c) **Este hombre tenía excelentes amigos que jugaron un papel importante en su curación (versículo 3).**

4) Solicitar a los alumnos que se expresen sobre otras cosas que hayan observado en la historia.

Aplicación (5-10 minutos)

Esta sección ayudará a los alumnos a pensar en diferentes maneras de hacer una aplicación de las principales consideraciones hechas sobre el paralítico de Marcos 2:1-12.

1) Explicar a los alumnos que sería bueno que revisaran sus propias vidas en busca de «heridas» específicas. Llevarlos a considerar no solo las heridas físicas, sino también las heridas emocionales o espirituales, heridas que podrían requerir de perdón, sanidad interior, o sanidad en su relación con otros. Distribuir las copias del *Informe sobre heridas personales* (página 37).

2) Hacer que los alumnos completen el *Informe sobre heridas personales*. Animarlos a avanzar más aun, contándole a un amigo lo que han escrito.*

* Si lo considera apropiado, hágale saber a sus alumnos que usted también está dispuesto a conversar con ellos. Si hace este ofrecimiento, tenga una lista de consejeros y terapeutas a quienes recurrir en caso de que alguien le hable sobre una «herida» que requiera de una ayuda profesional que usted no pueda proveer.

Infórmese adecuadamente sobre los requerimientos de denuncia estipulados por la ley en casos de abuso físico o sexual, de potenciales suicidas, o de otras situaciones que se deban denunciar.

TÉRMINOS MÉDICOS
SORPRENDENTES

¡Mi estrabismo me está matando!

1) Una tendinitis es:
a) un brazo quebrado
b) un tendón inflamado
c) una hemorroide
d) una pestaña dañada

2) Una taquicardia es:
a) un latido rápido del corazón
b) una debilidad en las paredes de las venas
c) la inflamación crónica de un «padrastro»
d) una sustancia o condición generalmente inofensiva

3) Un sabañón es:
a) un problema de control de peso
b) tener dificultades para dormir
c) una erupción en la piel por exposición al frío
d) tener el globo ocular rojo e hinchado

4) Una miringotomía es:
a) una deficiencia nutricional marcada
b) un depósito grumoso en el bazo
c) una pequeña perforación del tímpano
d) un desarrollo desordenado del habla

5) Un lipoma es:
a) una inflamación de los labios
b) un tumor benigno compuesto por células grasas
c) tener la epidermis deteriorada
d) un desgaste del codo por exceso de actividad

6) Una miopía es:
a) ser corto de vista
b) una desorientación que provoca algunas molestias
c) una falta de porosidad degenerativa de la sangre
d) tener una peca inflamada

7) Un estrabismo es:
a) tener los ojos desviados
b) una infección del oído medio
c) un indicador sintomático
d) una agresión local severa

8) Una flebitis es:
a) una mucosidad en la garganta
b) una inflamación de las venas
c) la coagulación de la sangre dentro de los vasos
d) una mucosidad abundante en la nariz

9) Un esfigmomanómetro es:
a) un aparato para medir la fortaleza de un folículo capilar
b) un aparato para tomar la presión sanguínea
c) un aparato usado para realizar pruebas de SIDA
d) un aparato para medir las neuronas sensoriales de la columna vertebral

10) Subcutáneo es:
a) una capa de tejido bajo la dermis
b) la grasitud que sale por las paredes de un granito
c) una pigmentación débil de la piel
d) un pigmeo fuerte del África

INFORME SOBRE

HERIDAS PERSONALES

I. LA CURACIÓN DEL HOMBRE COMENZÓ CON EL PERDÓN

Hacer una lista de tres áreas de nuestra vida en las que necesitamos ser perdonados o perdonar a alguien.

1.

2.

3.

II. LA ENFERMEDAD NO FUE IMPEDIMENTO PARA QUE ESTE HOMBRE BUSCARA A JESÚS

Trazar un círculo alrededor del área de lesión que mejor represente nuestras heridas o luchas actuales. A su lado anotar algunas ideas que podrían ayudar a sanar esas heridas.

1. La cabeza (las cosas sobre las que pensamos)

2. El corazón (la forma en que nos sentimos)

3. La boca (las cosas que decimos)

4. Los pies (los lugares a los que vamos)

5. Las manos (las cosas que hacemos)

III. ESTE HOMBRE TENÍA EXCELENTES AMIGOS QUE JUGARON UN PAPEL IMPORTANTE EN SU SANIDAD

¿Con qué amigo podemos compartir nuestras heridas?

Por eso, confiésense unos a otros sus pecados, y oren unos por otros, para que sean sanados. La oración del justo es poderosa y eficaz.
Santiago 5.16

LECCIÓN CUATRO

JESÚS COMO EL QUE SALVA NUESTRAS VIDAS
Juan 4:1-42

MATERIALES
NECESARIOS

■ Masilla plástica, arcilla para modelar, o goma de mascar.
■ Copias del *Informe sobre seguro contra destrucción* (página 42)
■ Premios para quienes den las razones más creativas
■ Varios objetos destruidos
■ Copias de etiquetas realizadas por nosotros (página 43)
■ Detergente para vajilla
■ Dos botellas plásticas
■ Platos sucios en una pileta (podría ser en la cocina de la iglesia)
■ Agua
■ Copias del *Informe sobre quebrantos personales* (página 44)

Resumen previo

Esta lección ha sido diseñada para que los alumnos comprendan que Jesús puede recuperar y restaurar aquello que se ha arruinado en sus vidas.

Introducción (10-15 minutos)

Esta sección introduce el tema de hacer algo a partir de la «nada».

1) Proveer a los alumnos masilla plástica, arcilla para modelar o goma de mascar.

2) Dividir a los alumnos en grupos de tres y cinco personas para que realicen algún tipo de escultura con la arcilla o la goma. Señalar que el objetivo de cada grupo es hacer algo a partir de la «nada».

3) Cuando terminen, que cada grupo comparta y explique su obra de arte a los otros grupos.

Participación (10-15 minutos)

Esta sección tiene como finalidad lograr que los alumnos se den cuenta de los resultados que produce la destrucción.

1) Proveer a cada alumno o grupo de alumnos un objeto destruido. Estos objetos deben ser simples y fáciles de encontrar en los alrededores de la iglesia o nuestra casa. Por ejemplo, puede ser:

• un pedazo de espejo roto
• un vaso de cartón rasgado
• una lata de aluminio partida por la mitad
• la pata de una silla rota

2) Distribuir una copia del *Informe sobre seguro contra destrucción* (página 42) a cada alumno.

3) Cada alumno completará el informe, usando el objeto destruido que le haya tocado como su fuente de información. Cada alumno deberá explicar por qué el objeto no puede ser reparado y por qué habría que entregarle un artículo nuevo a cambio (ver pregunta 7 en el informe).

4) Hacer que los alumnos lean sus informes. Se entregará un premio a quien exponga las razones más creativas al solicitar el reemplazo.

Observación (10-15 minutos)

Esta sección utiliza un ejemplo concreto de limpieza (el lavado de platos) para lograr que los alumnos comprendan cómo Dios nos limpia del pecado con su agua vivificante.

1) Antes del encuentro, copiar las dos etiquetas tituladas «Agua» y «Agua viva restauradora» (página 43).

2) Recortar las etiquetas y pegarlas en dos diferentes botellas de plástico vacías.

3) La botella que lleva la etiqueta «Agua» debe llenarse con agua.

4) La etiqueta que dice «Agua viva restauradora» debe adosarse a una botella llena de detergente para lavar platos.

5) Llevar a los alumnos hasta una pileta en la que se haya colocado una cantidad de platos sucios. Si no hubiera una pileta disponible, traer de la casa un par de baldes llenos de agua y una pila de platos sucios. (Si se conduce al grupo a la cocina de la iglesia, también será necesario llevar la Biblia para leer el pasaje correspondiente a esta lección.) Tratar de lavar los platos usando solamente la botella que dice «Agua». Asegurarse de que los platos estén lo suficientemente sucios y pegados como para que el agua no pueda hacer un trabajo de limpieza completo.

6) Mostrar los platos para permitir que los alumnos comprueben que el agua sola no es lo suficientemente adecuada como para realizar la tarea. Luego completar el lavado con el «Agua viva restauradora».

7) Explicar a los alumnos que no sabemos exactamente qué hay en la botella pero que descubriremos algo muy significativo acerca del Agua viva.

8) A medida que se lavan los platos, abrir la Biblia en Juan 4:1-42 y leer en voz alta. Se debe estar listo para continuar con la enseñanza una vez terminada la lectura. Realmente no importa que se terminen de lavar todos los platos. El centro de atención de los alumnos habrá cambiado, de modo que se puede llevar al grupo otra vez al salón de reuniones y dejar de lado el asunto de los platos.

Instrucción (5-10 minutos)

Esta sección ayudará a los alumnos a entender que solo Jesús puede cambiar las vidas y restaurarlas.

1) Cuando todos se hayan sentado, decir: **El pasaje que acabo de leer nos enseña acerca de una cuantas cosas que solo Jesús puede hacer. Jesús se ha dedicado al tema de salvar y restaurar vidas, así que solo él puede**

>   a)**limpiar la suciedad de nuestras vidas y restaurarnos de la ruina en que estamos;**

>   b)**hacer algo significativo a partir de algo insignificante;**

>   c)**cambiar nuestras vidas.**

2) Darles a los alumnos la oportunidad de señalar cualquier otra cosa que hayan notado acerca de la historia.

Aplicación (5-10 minutos)

Esta sección les permitirá a los alumnos tener la posibilidad de reflexionar sobre sus quebrantos personales y pedirle a Jesús que tome parte en su restauración y sanidad.

1) Distribuir el *Informe sobre quebrantos personales* (página 44).

2) Solicitar a cada alumno que complete el informe. Animar a los chicos a volver a leer sus informes durante las próximas veinticuatro horas y a orar específicamente por la ayuda que necesitan y que solo Dios puede proveerles.

PROFUNDIZACIÓN

1)Examinar el pasaje y descubrir todo lo posible sobre la mujer. (También considerar la reacción de los discípulos con respecto a ella en Juan 4:27.) Basados en lo que se ha descubierto, ¿qué es lo que resulta más significativo acerca de la conversación de Jesús con la mujer?

2)Considerar los versículos 15, 25, 26, y 28. ¿Cómo creemos que se sintió la mujer al oír a Jesús ofrecerle agua? Supongamos que nos encontráramos con esta mujer algunos días después. ¿Qué suponemos que nos diría? ¿De qué forma le habrá cambiado la vida?

3)Leer Juan 4:13. Explicar con palabras propias la clase de agua que Jesús ofrece.

INFORME SOBRE SEGURO CONTRA DESTRUCCIÓN

1) Describir el artículo destruido. _____

_____

_____

2) ¿Con qué propósito se usaba este artículo? _____

_____

_____

3) ¿Está el artículo en buenas condiciones de uso en este momento? ____

_____

_____

4) ¿Podría en algún momento ser completamente restaurado?

(Si la respuesta es sí, pasar a la pregunta 6). _____

5) ¿Hay algo de este artículo que pudiera salvarse en su condición presente? ____

_____

_____

6) ¿Qué haría falta para restaurar este artículo a uno nuevo? _____

_____

_____

7) ¿Por que deberíamos recibir un artículo nuevo a cambio? _____

_____

_____

Agua viva restauradora

INFORME SOBRE QUEBRANTOS PERSONALES

1) Definir cuál es tu propósito en la vida.

_____
_____
_____

2) ¿Qué área de tu vida te parece quebrada o en ruinas?

_____
_____
_____

3) ¿Ese quebranto te impide cumplir con el propósito de tu vida? (Si la respuesta es si, dar un ejemplo específico.)

_____
_____
_____

4) ¿Qué quisieras que hiciera Dios con respecto a ese quebranto? (Pídeselo a él de un modo específico antes de irte a dormir esta noche.)

_____
_____
_____

5) ¿Qué pueden aprender los demás de tu quebranto?

_____
_____

...mejor dicho, para que unos a otros nos animemos con la fe que compartimos.

Romanos 1:12

LECCIÓN CINCO

JESÚS COMO EL QUE CONFRONTA SITUACIONES
Lucas 4:28-30; Juan 8:3-11; Juan 2:13-16

MATERIALES NECESARIOS

- Copias de *¿Que haría falta?* (página 48)
- «Círculos» para señalar los ciclos de conflicto (aros como los de mimbre o plástico usados para educación física podrían servir; ver página 49)
- Una copia de *Las seis etapas del conflicto*, con cada una de las etapas recortada por separado (página 50)
- Una copia de *Libreto para un alumno discutidor* (página 51)
- Copias de *Tarjeta personal para casos de conflicto* (página 52)

Resumen previo

Esta lección ha sido diseñada para ayudar a que los alumnos descubran que los conflictos y las confrontaciones son una parte normal de la vida aun entre cristianos. Se concentra en los conflictos y proporciona una herramienta que ayuda a resolverlos. Esta lección también permite apreciar la forma en que Jesús manejó los conflictos y confrontó el pecado que impedía a la gente fijar sus ojos en Dios.

Introducción (5-10 minutos)

Esta sección hará pensar a los alumnos acerca de su habilidad para confrontar situaciones, su deseo de hacerlo, y la respuesta que les genera una confrontación.

1) Entregar a cada alumno una copia del folleto titulado *¿Que haría falta?* (página 48).

2) Solicitar a los alumnos que anoten lo que piensan.

3) Pedir a los alumnos que señalen brevemente cuáles son las áreas más difíciles de confrontar entre los artículos que aparecen en *¿Qué haría falta?*

Participación (10-15 minutos)

Esta sección proporciona a los alumnos un modelo que pueden usar para resolver conflictos.

1) Trazar seis círculos o marcas circulares sobre el piso usando aros (ver página 49). Al hacerlo, se puede decir algo como esto: **El mero hecho de confrontar a alguien no significa que automáticamente hayamos resuelto el conflicto. En realidad, es el cómo se confronta a alguien o lo que uno dice lo que cuenta en la resolución de un conflicto.**

2) Continuar con una explicación acerca de los seis círculos: **Cada uno de estos seis círculos representa una etapa del ciclo de un conflicto:**

- **Etapa 1: Tensión**
- **Etapa 2: Formulación de preguntas**
- **Etapa 3: Acumulación de proyectiles**
- **Etapa 4: Confrontación**
- **Etapa 5: Ajustes necesarios**
- **Etapa 6: Resolución**

3) Dividir a los alumnos en seis grupos iguales correspondientes a los seis círculos. Pedirles a los grupos que se sienten alrededor de los círculos.

4) Entregar a cada grupo uno de los recortes de *Las seis etapas del conflicto* (página 50) que define la etapa donde está sentado.

5) Pedir que un alumno de cada etapa lea la definición del recorte a los demás de su grupo.

6) Pedir que cada grupo presente un ejemplo de la vida real que ilustre su etapa en particular. Si los grupos necesitan ayuda para comenzar, aquí incluimos un ejemplo que sirve para la etapa 2: Formulación de preguntas. Caty, por varias veces consecutivas, llegó a su casa más tarde de lo permitido y ahora su mamá no la deja ir al concierto del viernes por la noche. Caty está furiosa. La verdad es que llegar más tarde, sin llamar por teléfono para avisar, había sido una falta grave. De modo que tal vez su mamá tuviera derecho a estar enojada, pero nunca le había mencionado que la prohibición de salir sería el castigo. La razón por la que Caty está tan enojada, entonces, es porque piensa que su mamá ha reaccionado exageradamente y no está siendo justa.

7) Antes de que los grupos terminen con sus aportes e ilustraciones, pasar a la sección de observación.

Observación (5-10 minutos)
Esta sección ayudará a los alumnos a ver el modelo de conflicto en acción.

Mientras los grupos siguen exponiendo, hacer que un alumno comience a discutir con el maestro. Se debe elegir al «alumno discutidor» antes del encuentro y darle una copia del libreto de la página 51 El libreto es una guía para las etapas del conflicto. No es necesario memorizarlo, pero alumno y maestro deben conocerlo bastante bien como para llevar a cabo la discusión lo más naturalmente posible. Cuando hayan terminado con la «discusión», reunir a todos otra vez y explicarles brevemente lo que se acaba de hacer y el porqué (la intención era que los grupos visualizaran por experiencia directa las etapas y la resolución de un conflicto).

Instrucción (10-15 minutos)

Esta sección presenta los pasajes bíblicos de esta lección y ayuda a los alumnos a descubrir que Jesús estaba familiarizado con los conflictos. Y confrontaba aquellas cosas que apartaban los ojos de la gente de Dios.

1) Decir: **Quería que vieran un modelo de resolución de conflictos que ustedes mismos pueden usar cuando se encuentren en una situación de conflicto. También quiero que noten la forma en que Jesús manejó los conflictos y la confrontación.**

2) Luego agregar: **La Biblia nos muestra ejemplos específicos de Jesús envuelto en un conflicto. Quiero que consideremos tres de ellos.** (Si el tiempo es suficiente, analizar brevemente los tres ejemplos. Si no alcanza, mencionar el A y el B y luego concentrarse en el C; allí vemos a Jesús comenzando el conflicto.)

     a) Jesús evitó el conflicto (leer Lucas 4:28-30)
     b) Jesús resolvió el conflicto (leer Juan 8:3-11)
     c) Jesús comenzó el conflicto (leer Juan 2:13-16)

3) Después de leer el pasaje en Juan 2, explicar: **La idea principal que transmite este pasaje es que Jesús confrontó una situación que apartaba los ojos de la gente de Dios. Jesús quiere que nosotros también confrontemos esas mismas situaciones.** Pedir a los alumnos que sugieran ejemplos específicos de cuáles pueden ser esas situaciones. (Hacer que los alumnos tengan como referencia el escrito *¿Que haría falta?* para tomar ideas de allí.)

Aplicación (5 minutos)

Esta sección les proveerá a los alumnos un instrumento que les ayudará a recordar cómo es el ciclo de un conflicto, y a no olvidar que Jesús quiere que confronten aquellas áreas de sus vidas en las que apartan sus ojos de Dios.

1) Repartir copias de la *Tarjeta personal para casos de conflicto* (página 52) a todos los alumnos. Animarlos a conservar la tarjeta y remitirse a ella cuando se encuentren en una situación de conflicto.

2) Si fuera posible, copiar las tarjetas en cartulina o cartón liviano. De este modo durarán más, tanto en una billetera como en una cartera.

PROFUNDIZACIÓN

De Lucas 4:28-30

1) A partir de lo que sabemos de la vida de Jesús, ¿qué hizo él para que la gente se enojara tanto como para querer matarlo? ¿La gente tenía «derecho» a estar furiosa? Explicar.

2) ¿Por qué pudo pasar Jesús a través de la multitud? (Notar que Lucas no explica si Jesús pudo escapar milagrosamente o si sucedió como resultado de que su presencia era imponente. Cualquiera fuera el caso, a Jesús no le había llegado el tiempo de morir. Tenía control sobre la multitud airada.)

De Juan 8:3-11

1) Los maestros de la ley y los fariseos buscaban provocar una disputa. ¿Cómo evitó Jesús el conflicto?

2) Aun cuando el conflicto no pasara a mayores, ¿cómo se habrán sentido los líderes religiosos con respecto a la forma en que Jesús lo resolvió? ¿Cómo suponemos que se sintió la mujer?

3) ¿Jesús confrontó a la mujer con su pecado? Si fue así, ¿cómo lo hizo? Si no fue así, ¿por qué no?

De Juan 2:13-16

1) ¿Jesús tenía derecho a enojarse tanto como lo hizo? ¿Por qué o por qué no?

2) ¿Qué aprendemos a partir de este incidente sobre confrontar el pecado y tal vez crear conflictos con otras personas?

¿Qué Haría Falta?

¿Que haría falta que sucediera para que nos decidiéramos a confrontar a algunos buenos amigos nuestros? Más abajo incluimos una lista de cosas que nuestros amigos pueden llegar a hacer algún día. Colocar este signo (¡) junto a las acciones que confrontaríamos inmediatamente. Colocar (+) junto a las que tal vez confrontaríamos. Y colocar (-) al lado de las acciones que no confrontaríamos.

➥ Engañar en la escuela

➥ Robar dinero a los padres

➥ Hacer correr rumores

➥ Beber y conducir

➥ Ir de parranda

➥ Usar drogas

➥ Mantener relaciones sexuales

➥ Criticar al pastor de jóvenes

➥ Planear un aborto

➥ Involucrarse con el satanismo

➥ Vender drogas

➥ Mentirle a los amigos

➥ Burlarnos de alguno de nuestros amigos

¿Tenemos algún sistema que nos permita confrontar y resolver conflictos?

Si   **No**

En caso afirmativo, describirlo:

EL CICLO DE UN CONFLICTO

RESOLUCIÓN

TENSIÓN

AJUSTES
NECESARIOS

FORMULACIÓN
DE PREGUNTAS

CONFRONTACIÓN

ACUMULACIÓN
DE PROYECTILES

LAS SEIS ETAPAS DE UN CONFLICTO

ETAPA 1: TENSIÓN

Todos los conflictos tienen un comienzo. Es entonces que uno experimenta por primera vez una sensación de tensión y descubre que existe algún tipo de fricción con la otra persona. En este punto los sentimientos entran en juego y uno se siente enojado, herido, traicionado, o incomprendido.

- -

ETAPA 2: FORMULACIÓN DE PREGUNTAS

Aquí es donde uno comienza a hacerse preguntas como «¿Es mi culpa?» «¿Tengo derecho a sentirme así?» «¿Qué hice para merecer esto?» Uno trata de darse cuenta por qué se siente de esta manera. Y es la mejor etapa para tratar de resolver el conflicto. Debemos formular las preguntas que nos hemos estado haciendo a la persona o personas con los que estamos en conflicto. Si lo hacemos inmediatamente podremos evitar la etapa 3.

- -

ETAPA 3: ACUMULACIÓN DE PROYECTILES

En esta etapa el enojo nos invade y comenzamos a idear maneras de humillar a la otra persona o ajustar cuentas con ella. Es una etapa peligrosa y conviene evitarla siempre que se pueda. Si nos quedamos pegados a esta etapa, la siguiente se puede transformar en un campo de batalla.

- -

ETAPA 4: CONFRONTACIÓN

Esta es la etapa fundamental del ciclo de un conflicto. Confrontar implica tomarse el tiempo para hablar con la otra persona, o personas, sobre el conflicto. Lo mejor es hacerlo de una manera tranquila, dando lugar a que cada parte exprese y explique sus sentimientos. Si se han reunido demasiados proyectiles para arrojar en esta etapa, la confrontación puede resultar dolorosa, difícil y contraproducente.

- -

ETAPA 5: AJUSTES NECESARIOS

Si se maneja bien la etapa de confrontación se pueden realizar los ajustes necesarios para mejorar la relación. Ambas partes necesitan ponerse de acuerdo sobre los cambios a implementar y conversar sobre las expectativas específicas que tienen, de modo que las tensiones puedan comenzar a disminuir. Lo mejor es que las dos partes hagan cambios y realicen un trabajo de equipo para llegar a la resolución del conflicto.

- -

ETAPA 6: RESOLUCIÓN

El conflicto finalmente acaba y nuestra vida comienza a retornar a la normalidad. No significa que el dolor haya terminado, especialmente si nos hemos sentido heridos durante el período de tensión, sino que tiene que ver con que empezamos a perdonar e intentamos continuar con nuestra vida.

LIBRETO PARA UN ALUMNO DISCUTIDOR

Alumna –**A** (llamémosla Ana, a modo de ejemplo)

Líder – **L**

A: (Interrumpiendo a otro alumno en el medio de una oración.) Ese es un ejemplo estúpido. Alguien debe tener otro mejor.

L: Ana, no critiquemos las ilustraciones de otro grupo en este momento. Limitémonos a escuchar.

A: Pienso que no tiene nada que ver con el tema. Ni siquiera se aproxima.

L: Si los dejas terminar, tal vez encuentres que lo que dicen tiene sentido.

A: Me está humillando, ¿se da cuenta?. ¡Detesto que haga eso!

L: ¿Qué haga qué?

A: Siempre me hace callar delante de los demás. No le agrado.

L: Me sorprende los que estás diciendo, Ana. No sabía que te sentías así.

A: Bueno, sí, me siento así ¡y usted siempre me humilla! Me trata como si no tuviera nada importante que decir.

L: Para ser sincero, no me gusta que interrumpas a la gente todo el tiempo. Simplemente trato de lograr que la conversación siga con su curso normal. No lo hago para herir tus sentimientos.

A: Bueno, yo simplemente quiero expresar lo que siento, pero usted siempre me dice que espere o que no es mi turno. ¡Me pone bastante loca!

L: Lo siento.

A: Podría haber sido frontal y decirme todo esto al término de alguna de nuestras reuniones para que yo no pensara que le resulto desagradable. Sea directo conmigo la próxima vez.

L: Tienes razón, Ana. Debería haberlo hecho. Lo siento. Te prometo que lo haré así de ahora en adelante.

A: De acuerdo. Voy a intentar no interrumpir a la gente y esperar mi turno para hablar.

L: ¡Excelente! Siento haberte disgustado tanto.

A: ¡Si, yo también lo siento!

TARJETA PERSONAL PARA CASOS DE CONFLICTO

Etapa	Descripción de la Etapa	Palabras Clave
1	Tensión	Comienza el conflicto
2	Formulación de preguntas	Por qué ocurrió esto
3	Acumulación de proyectiles	Odio que... (tratar de saltearla)
4	Confrontación	Hablemos
5	Ajustes necesarios	Qué deberíamos hacer ahora
6	Resolución	Perdonar y seguir adelante

No dejen que el sol se ponga estando aún enojados.
Efesios 4.26 b

Etapa	Descripción de la Etapa	Palabras Clave
1	Tensión	Comienza el conflicto
2	Formulación de preguntas	Por qué ocurrió esto
3	Acumulación de proyectiles	Odio que... (tratar de saltearla)
4	Confrontación	Hablemos
5	Ajustes necesarios	Qué deberíamos hacer ahora
6	Resolución	Perdonar y seguir adelante

No dejen que el sol se ponga estando aún enojados.
Efesios 4.26 b

Etapa	Descripción de la Etapa	Palabras Clave
1	Tensión	Comienza el conflicto
2	Formulación de preguntas	Por qué ocurrió esto
3	Acumulación de proyectiles	Odio que... (tratar de saltearla)
4	Confrontación	Hablemos
5	Ajustes necesarios	Qué deberíamos hacer ahora
6	Resolución	Perdonar y seguir adelante

No dejen que el sol se ponga estando aún enojados.
Efesios 4.26 b

Etapa	Descripción de la Etapa	Palabras Clave
1	Tensión	Comienza el conflicto
2	Formulación de preguntas	Por qué ocurrió esto
3	Acumulación de proyectiles	Odio que... (tratar de saltearla)
4	Confrontación	Hablemos
5	Ajustes necesarios	Qué deberíamos hacer ahora
6	Resolución	Perdonar y seguir adelante

No dejen que el sol se ponga estando aún enojados.
Efesios 4.26 b

Etapa	Descripción de la Etapa	Palabras Clave
1	Tensión	Comienza el conflicto
2	Formulación de preguntas	Por qué ocurrió esto
3	Acumulación de proyectiles	Odio que... (tratar de saltearla)
4	Confrontación	Hablemos
5	Ajustes necesarios	Qué deberíamos hacer ahora
6	Resolución	Perdonar y seguir adelante

No dejen que el sol se ponga estando aún enojados.
Efesios 4.26 b

Etapa	Descripción de la Etapa	Palabras Clave
1	Tensión	Comienza el conflicto
2	Formulación de preguntas	Por qué ocurrió esto
3	Acumulación de proyectiles	Odio que... (tratar de saltearla)
4	Confrontación	Hablemos
5	Ajustes necesarios	Qué deberíamos hacer ahora
6	Resolución	Perdonar y seguir adelante

No dejen que el sol se ponga estando aún enojados.
Efesios 4.26 b

Etapa	Descripción de la Etapa	Palabras Clave
1	Tensión	Comienza el conflicto
2	Formulación de preguntas	Por qué ocurrió esto
3	Acumulación de proyectiles	Odio que... (tratar de saltearla)
4	Confrontación	Hablemos
5	Ajustes necesarios	Qué deberíamos hacer ahora
6	Resolución	Perdonar y seguir adelante

No dejen que el sol se ponga estando aún enojados.
Efesios 4.26 b

Etapa	Descripción de la Etapa	Palabras Clave
1	Tensión	Comienza el conflicto
2	Formulación de preguntas	Por qué ocurrió esto
3	Acumulación de proyectiles	Odio que... (tratar de saltearla)
4	Confrontación	Hablemos
5	Ajustes necesarios	Qué deberíamos hacer ahora
6	Resolución	Perdonar y seguir adelante

No dejen que el sol se ponga estando aún enojados.
Efesios 4.26 b

LECCIÓN SEIS

JESÚS COMO SIERVO
Juan 13:2-20

MATERIALES
NECESARIOS

■ Una copia del *Discurso loco* (página 56)
■ Una aspiradora
■ Paños para limpiar muebles y plumeros.
■ Artículos de limpieza (baldes, líquidos limpiadores, trapos, etc.)
■ Agua
■ Tarjetas de 7,5 cm por 12,5 cm.
■ Un sombrero
■ Lápices
■ Tiza, una pizarra o un caballete de pintor
■ Copias de *Metas para el servicio* (página 57)

Resumen previo

Esta lección esta destinada a mostrar que Jesús fue siervo y para lanzarles a los alumnos el desafío de seguir su ejemplo.

Introducción (5-10 minutos)

Esta sección presenta el tema del servicio a través de un disparador gracioso y alegre.

1) Explicar a los alumnos que van a participar de un *Discurso loco* (página 56) No permitirles ver la hoja del *Discurso loco.*

2)Primero, solicitar a los alumnos que enuncien en voz alta las palabras o frases necesarias para completar el *Discurso loco.* Por ejemplo, pedirles que mencionen un sustantivo plural o un verbo. Animar al grupo a mencionar palabras graciosas o inusuales. Cuanto más estrafalarias sean estas palabras, más divertido resultará.

3) No permitir que los alumnos vean el *Discurso loco* mientras se completan los espacios en blanco. Resultará muy cómico cuando se lea la historia en voz alta incluyendo las palabras provistas por los alumnos.

4) Al terminar la lectura, decir algo así: **La mayoría de las personas no piensan que el servir a los demás resulte algo gracioso o divertido. ¿En qué pensamos cuando escuchamos la palabra «servicio»?**

Participación (10-15 minutos)

Esta sección permite a los alumnos llevar a cabo acciones de servicio simples y corrientes.

1) Antes del encuentro, preparar la aspiradora, trapos, y artículos de limpieza. Movilizar a los alumnos a sugerir ideas en cuanto a diferentes tareas de servicio que se puedan realizar en ese momento en el salón de reuniones (por ejemplo, aspirar la alfombra, reacomodar los muebles, quitarles el polvo). Quizás sea necesario tener pensadas algunas ideas propias en cuanto a servicio en caso de que los alumnos no tengan conceptos claros con respecto a lo que es servir. Seamos creativos, pero tengamos el cuidado de aportar ideas que nos gustaría ver implementadas de forma regular.

2) Escribir todas las sugerencias de acciones de servicio en tarjetas de 7,5 cm por 12,5 cm; una sola idea en cada tarjeta.

3) Colocar las tarjetas en un sombrero y hacer que cada alumno extraiga una.

4) Luego indicar a cada alumno, o equipo de alumnos, que debe llevar a cabo la tarea indicada en la tarjeta que ha sacado del sombrero. Estemos preparados para escuchar algunos refunfuños y quejas. Asegurarles a los alumnos que esto forma parte de la lección.

5) Después que los alumnos hayan completado sus tareas, hacerles escribir en una pizarra, pizarrón o pliego de papel montado en un caballete de pintor sus sentimientos con respecto a tener que realizar un acto de servicio inesperado, y pedirles que expliquen por qué se sienten así.

Observación (5-10 minutos)

Esta sección llevará a los alumnos a pensar acerca de la gente que les agradaría servir, y acerca de aquellos a los que servirlos no les agradaría.

1) Solicitar a los alumnos que elaboren una lista que incluya gente a la que conocen personalmente y gente a la que conocen solo de nombre (la lista puede incluir celebridades, padres, amigos, maestros).

2) Después de haber recopilado todo en una lista, repasarla y pedir a los alumnos que determinen a qué personas de la lista les resultaría fácil servir y a cuáles no. Preguntarles la razón por la que quieren o no servir a cada persona de la lista.

3) Ver si se logran establecer algunas similitudes o patrones en cuanto a sus elecciones. Por ejemplo: **¿No resulta interesante notar que a la mayoría de los que estamos aquí nos sería más fácil servir a gente que no conocemos que a la gente que conocemos, como por ejemplo a nuestra familia y amigos?**

4) Proseguir diciendo: **Me gustaría leerles una historia acerca de la persona más extraordinaria que jamás haya vivido. Escuchen y traten de entender por qué dijo lo que dijo acerca del servicio.**

Instrucción (10-15 minutos)

Esta sección permite a los alumnos descubrir a Jesús como ejemplo de siervo y notar la prioridad que le dio a vivir de acuerdo con este compromiso de servir a otros.

1) Leer Juan 13.2-20. Durante la lectura de este pasaje, tal vez un alumno pueda lavar los pies de otro para que sirva de ayuda visual. Explicar de antemano lo que se va a hacer, de modo que el lavamiento de pies complemente la historia en vez de distraerlos.

2) Esta historia ilustra una profunda verdad que los alumnos necesitan entender. Se podría decir: **Algunas veces nos es difícil descubrir cómo servirnos unos a otros. En esta historia podemos observar el ejemplo de Jesús como siervo cuando el lavó los pies de los discípulos.**

3) Luego agregar: **Si queremos seguir el ejemplo de Jesús, debemos entender que ser siervos significa:**

    a) **poner primero a los demás;**
    b) **dejar de lado nuestro orgullo;**
    c) **participar de forma activa.**

Aplicación (5 minutos)

Esta sección proporciona a los alumnos la oportunidad de captar el concepto de servicio de una manera más personalizada.

1) Repartir lápices y copias de *Metas para el servicio* (página 57) a todos los alumnos.

2) Hacer que los alumnos creen sus propias *Metas para el servicio* formulando una lista de cinco personas a las que podrían servir esta semana.

3) Dar instrucciones a los alumnos para que escriban formas prácticas en las que pueden servir a las personas de su lista. Desafiarlos a completar su objetivo a través de llevar a cabo lo que han escrito en sus listas.

4) Enfatizar delante de los alumnos que nunca se parecerán más a Cristo que cuando sirven a otros.

PROFUNDIZACIÓN

1) Volver a leer Juan 13:2-5, 13-15. ¿Qué parece estar mal dentro de este cuadro? ¿Quién debería estar sirviendo a quién? Explicar la razón de la respuesta.

2) ¿Qué demuestra este incidente con respecto a Jesús?

3) En el tiempo de Jesús, lavar los pies de alguien era una tarea doméstica generalmente realizada por sirvientes. Pensar en una tarea que se realice en nuestros días y sea similar a lavar los pies de alguien. ¿En qué circunstancias estaríamos dispuestos a realizar esta tarea y en qué circunstancias no?

Discurso Loco

MANERAS DE SERVIR

Si quisieras ser un siervo, primero deberías aprender a _____(verbo). _____
(nombre de persona) es un gran ejemplo como siervo. Él (o ella) siempre toma

_____(sustantivo plural) y los coloca en _____ (lugar) para su segu-

ridad. Una persona también puede servir _____ (verbo terminado en gerundio)

un _____ (sustantivo) o haciendo_____ (adverbio) tareas_____

(adjetivo) para _____ (nombre de una persona). Una de las verdaderas carac-

terísticas de un siervo es la habilidad para _____ (verbo) una orden y para

producir _____(adverbio) ya sean_____ (sustantivo plural) o

_____ (sustantivo plural). Otra maravillosa manera de servir es pasar por

_____ (un período de la vida) pensando que uno es _____ (un ani-

mal). Esto te ayudará a _____ (verbo) mejor que el _____ (sus-

tantivo) promedio. Finalmente, debes recordar siempre este lema: Si quieres servir,

debes _____ (verbo) _____ (sustantivo plural) y nunca olvidarte

_____ (verbo) tu _____(sustantivo).

Lo mas importante es que deberías servir a otros proclamando en voz alta constante-

mente, «_____(un dicho o cita favorita)».

METAS PARA EL SERVICIO

Cinco personas a las que puedo servir

1.

2.

3.

4.

5.

Maneras en las que puedo servir esta semana a esta persona

1.

2.

3.

4.

5.

LECCIÓN SIETE

JESÚS COMO PASTOR
Juan 10:11-18

MATERIALES
NECESARIOS

- Una copia de *Las diez cosas que un pastor nunca le diría a una oveja* (página 63)
- Una pizarra, una hoja grande de cartulina o un pliego de papel blanco común.
- El dibujo parcial de una oveja (página 64)
- Tizas de colores o marcadores con punta gruesa de diferentes colores.
- Tres vendas para los ojos.
- Un pasa cassette doble con la función de velocidad rápida.
- Copias de *El Señor es mi Pastor* (página 65)
- Hojas de papel en blanco.

Resumen previo

Esta sección está pensada para brindar a los alumnos una comprensión de Jesús como el Buen Pastor. Los alienta a sentirse bien por el hecho de que Jesús verdaderamente se preocupa por sus vidas.

(Nota: Antes de comenzar con esta lección, dar lugar a que los alumnos comenten cómo les ha ido con sus *Metas para el servicio*. Celebrar cualquiera de sus éxitos.)

Introducción (5 minutos)

Esta sección tiene como propósito explicar de forma divertida cuál es la función de un pastor y la relación que él tiene con las ovejas.

1) Informar a los alumnos que van a hablar de pastores y de ovejas.

2) Explicar a los alumnos que la responsabilidad de un pastor es cuidar y velar por sus ovejas. Los buenos pastores se aseguran de que sus ovejas estén bien cuidadas y se mantengan con vida.

3) Leer *Las diez cosas que un pastor nunca le diría a una oveja* página 63). La intención es iniciar con un comienzo gracioso. Recordar que para que esto resulte divertido la forma de decirlo debe resultar graciosa y ágil. Si no nos sentimos cómodos al manejar alguna de estas dos cosas, es mejor fotocopiar *Las diez cosas que...* y repartirlas, o usar un retroproyector e ir descubriendo una frase por vez.

4) Como opción, se puede permitir que los alumnos elaboren sus propias listas de «las diez cosas» para mostrárselas unos a otros. O pedirles que piensen chistes «maaalos» sobre ovejas.

Participación (10-15 minutos)

Esta sección pone a los alumnos en movimiento y los ayuda a descubrir por sí mismos el beneficio de tener a alguien que les proporcione una guía a seguir.

1) Antes del encuentro, en un pliego grande de papel blanco común, o sobre cartulina y si no en una pizarra, trazar el dibujo parcial de una oveja (ver ejemplo en página 64).

2) Si se utiliza papel blanco o cartulina, pegarlos con cinta adhesiva a la pared. Si se utiliza una pizarra, asegurarse de que los alumnos alcancen a ver bien el tablero con la obra de arte incompleta.

3) Explicar a los alumnos que el objetivo de esta actividad es completar el dibujo de la oveja. La trampita es que los alumnos tendrán los ojos vendados.

4) Solicitar tres voluntarios. Hacer que se paren en la parte de atrás del salón y que den una última mirada al dibujo que hemos hecho sobre el papel o la pizarra.

5) Vendarles los ojos.

6) Darle a cada voluntario un pedazo de tiza de color o un marcador.

7) Decirles qué parte de la oveja esperamos que cada uno dibuje.

8) Al igual que en el juego que se acostumbra realizar en las fiestas de cumpleaños «Ponerle la cola al burro», hacerlos girar sobre sí mismos, y luego dejar que cada uno encuentre el camino hacia la pizarra y dibuje la parte de la oveja que le toca lo mejor que pueda. Es importante que nadie le dé instrucciones al alumno que dibuja.

9) Cuando los voluntarios hayan terminado de dibujar, solicitar un último voluntario. Permitir que este último voluntario tenga un compañero, y referirse a este compañero como el pastor.

10) Dar instrucciones al «pastor» para que guíe al artista hacia un nuevo lugar para realizar otro dibujo. Él lo dirigirá y le indicará qué y dónde dibujar. Lograr que este voluntario dibuje una oveja entera.

11) El grupo comprenderá la importancia del «pastor» al comparar los resultados de los dibujos hechos por los voluntarios sin guía, con el dibujo del voluntario que fue «pastoreado».

Observación (5 minutos)

Esta sección establece los puntos principales de la sección de instrucción.

1) Previo al encuentro, grabar con la voz de diferentes alumnos porciones del pasaje de Juan 10:11-18 en un casete a velocidad normal. Grabar los versículos en orden, de modo que al volver a pasar la cinta se puedan entender los ocho versículos de Juan capítulo diez.

2) Durante el encuentro, pasar la cinta a velocidad rápida para que los estudiantes la escuchen. Para que el objetivo del período de instrucción se cumpla, asegurarse de que la cinta se escuche tan distorsionada que los sonidos resulten más graciosos que comprensibles. Los alumnos tienen que no poder entender la grabación.

3) Como una opción a la grabación, si no se puede realizar, elegir con anticipación tres voluntarios para que lean Juan 10:11-18. Mantener a estos alumnos escondidos detrás de una cortina o biombo, o de una mesa dada vuelta. ¡El resto del grupo no debe verlos! Cuando se les dé la señal, cada voluntario leerá su pasaje lo mas rápidamente que le sea posible y disfrazando la voz.

Instrucción (10-15 minutos)

Esta sección hará que los alumnos entiendan su relación personal con Jesús como su pastor.

1) Preguntar a los alumnos: **¿Qué haría que la cinta (o los lectores) resultara más comprensible?** Escribir las repuestas que se reciban sobre una pizarra, de modo que todos puedan verlas.

2) Probablemente se reciban varias respuestas diferentes, pero se debe dibujar un círculo alrededor de las tres que estén más cerca de las siguientes:

> a) Bajar la velocidad de la cinta, o hacer que la gente lea lentamente.
>
> b) Estar junto a la persona que lee su parte, o poder ver a aquellos que leen.
>
> c) Conocer la voz de la persona tan bien como para poder entender lo que dice a cualquier velocidad, aunque disfrace la voz.

PROFUNDIZACIÓN

1) ¿Cuál es el único punto que enfatiza Jesús en este pasaje? ¿En qué manera representa esto la máxima expresión del amor de Jesús por sus ovejas?

2) Según entendemos, ¿cuál es la clase de relación que Jesús quiere tener con sus seguidores?

3) Rebobinar la cinta y pasarla a velocidad normal. Los alumnos deben poder escuchar claramente la lectura de Juan 10:11-18. O, según sea el caso, pedir a los voluntarios que salgan de su escondite y lean el pasaje en forma clara y nítida.

4) Explicar el paralelismo entre entender la cinta y desarrollar una comprensión de Dios como nuestro Pastor, que incluye:

> a) ponerse «en sintonía» con la voluntad de Dios;
>
> b) dedicar tiempo a estar con él;
>
> c) aprender a reconocer la voz de Dios a través de las Escrituras, de nuestra conciencia y de la sabiduría de los "pastores" humanos que Dios coloca al lado de nosotros.

Aplicación (5-10 minutos)

Esta sección llevará a los alumnos a profundizar la analogía del pastor mientras dan una respuesta específica al Salmo 23.

1) Distribuir copias de *El Señor es mi Pastor* (página 65) y papel en blanco para que los alumnos escriban sus respuestas.

2) Hacer que los alumnos lean el salmo y respondan las preguntas pertinentes.

3) Pedir a los alumnos que lean algunas de sus respuestas.

LAS DIEZ COSAS QUE UN PASTOR NUNCA LE DIRÍA A UNA OVEJA

10) ¿Eres una oveja?

9) ¿Cuántas chuletas de cordero podría cortar este cuchillo si este cuchillo pudiera cortar chuletas de cordero?

8) ¿Quién quiere pizza con carne de cordero?

7) Simplemente no entiendo por qué ustedes no se encogen cuando llueve.

6) Tu lana me está entrando en los ojos.

5) ¡El lobo! ¡El lobo! Ha, ha, ha. Me encanta asustarlas. Les cuento que los ojos se les ponen grandes como huevos fritos.

4) «Al que te pida, dale» Meee das lana, meee das lana, meee das lana, meee das lana

3) Tengo tres palabras para ti: «carnada de lobo».

2) Si no puedes dormir, trata de contar personas saltando una cerca.

1) ¡Oiga, cocinero!, ¿nos puede preparar unas chuletas de cordero?

EL SEÑOR ES MI PASTOR

Salmo 23

Versículo 1: El Señor es mi pastor, nada me falta.
¿Cómo ha sido la provisión de Dios para tu vida este último tiempo?

Versículo 2: En verdes pastos me hace descansar. Junto a aguas tranquilas me conduce
¿Tienes un lugar donde ir a pasar un tiempo de quietud con Dios, estar tranquilo, leer su Palabra, y orar?
¿Qué aspectos de tu vida están atravesando por un período tormentoso que necesitas que Dios aquiete?

Versículo 3: Me infunde nuevas fuerzas. Me guía por sendas de justicia por amor a su nombre.
¿Hay algo en tu vida que sabes que a Dios no le agrada? ¿Qué tendrías que hacer para retomar la senda correcta?

Versículo 4: Aún si voy por valles tenebrosos, no temo peligro alguno porque tú estás a mi lado; tu vara de pastor me reconforta.
¿Recuerdas algún momento en el que te sentiste inseguro o con temor y Dios te reconfortó? Describe ese momento.

Versículo 5: Dispones ante mí un banquete en presencia de mis enemigos. Has ungido con perfume mi cabeza; has llenado mi copa a rebosar.
¿Qué cosas buenas te ha dado Dios o ha hecho por ti?

Versículo 6: La bondad y el amor me seguirán todos los días de mi vida; y en la casa del Señor habitaré para siempre.
Escribe una breve oración agradeciéndole a Dios su bondad manifestada en tu vida.

JESÚS COMO EL QUE PROVEE
Mateo 14:13-21

MATERIALES
NECESARIOS

- Una copia del *Melodrama espontáneo* (páginas 70-71)
- Galletas
- Salchichón
- Disfraces disparatados o bobos (opcional)
- Una linterna
- Bolsas de papel
- Cosas para llevarse a casa (por ejemplo: un pedazo de pan, un caramelo de goma, un llavero)

Resumen previo

Esta lección ha sido diseñada para enseñar a los alumnos que Jesús los ama y desea satisfacer sus necesidades.

Introducción (10-15 minutos)

Esta sección les presenta a los alumnos el pasaje de las Escrituras que se ha seleccionado a fin de captar su interés y conducirlos al estudio.

1) Seleccionar entre siete y diez alumnos que se ofrezcan voluntariamente para representar el *Melodrama espontáneo* titulado «Usa mis galletas» (páginas 70-71)

Nota: Una cosa interesante acerca de los melodramas es que no requieren nada de preparación, excepto reunir algunos disfraces y accesorios. Para este melodrama debemos contar con por lo menos siete alumnos y podríamos llegar a utilizar hasta treinta.

Si nunca hemos puesto en escena un melodrama, debemos saber que el relator juega un papel importante. No es simplemente quien lee el libreto. El uso que él haga del ritmo, la puntuación, el énfasis sobre determinadas partes, la interpretación de la reacción de la audiencia, y algunas indicaciones espontáneas, será lo que determine que el melodrama resulte gracioso.

Al seleccionar voluntarios para las partes habladas y actuadas, elegir alumnos desinhibidos y dispuestos a repetir frases tontas y a llevar a cabo tareas sin sentido.

Preparación:

- Leer el libreto antes del momento del encuentro para tener una idea de lo que deben hacer los personajes y de cuáles son los alumnos más adecuados para las partes. Hay libertad en cuanto a adaptar el libreto y hacerlo más adecuado para los alumnos de nuestro grupo, o para incluir bromas que tengan relación con el grupo y les resulten graciosas.

• Después de seleccionar a quienes encarnarán los personajes, ubicarlos fuera del escenario hasta que se «lea» su parte y les toque entrar.

• Solicitar a la audiencia que aplauda y aliente a los actores. Esto los animará y logrará que la audiencia también se sienta que participa.

2) Escenificar el melodrama utilizando los objetos que se mencionan, y si fuera posible, disfraces, tal como se sugiere en la sección Materiales necesarios, para lograr un efecto visual y humorístico más acentuado.

3) Antes de seguir adelante con el programa, aplaudir y agradecer a las «estrellas» que participaron del melodrama. Para hacer una transición a la sección siguiente, decir algo así: **Obviamente, esto no es exactamente lo que ocurrió, de modo que abran sus Biblias en Juan capítulo seis y leamos lo que realmente sucedió.**

4) Leer Juan 6:1-15 en voz alta.

Participación (10-15 minutos)

Esta sección lleva a los alumnos a experimentar la frustración de no poder alcanzar una meta por no contar con todos los materiales necesarios.

1) Dividir los alumnos en cinco grupos. Si el grupo tiene menos de diez personas, dividirlo por parejas o permanecer en un solo grupo.

2) Oscurecer el salón, apagando todas las luces y bajando todas las persianas.

3) Darle a cada grupo una bolsa de papel conteniendo una de las piezas que conforman una linterna.

- • una bolsa con la primera pila
- • una bolsa con la segunda pila
- • una bolsa con el foco de la linterna
- • una bolsa con la carcasa de la linterna
- • una bolsa con la cabeza transparente de la linterna

4) Explicar a los alumnos que la necesidad prioritaria en ese momento es conseguir luz. Encender las luces del salón está fuera de las opciones. Hacer que discutan en los grupos las opciones potenciales para lograr tener luz.

5) Después que los grupos hayan discutido las opciones, indicarles que deben sacar los elementos de las bolsas. Formularle a cada grupo las siguientes preguntas:

a) **¿Es posible que el elemento que le ha tocado al grupo satisfaga nuestra necesidad de luz?**

b) **¿Qué puede hacer ese elemento por sí solo?**

Observación (5-10 minutos)

Esta sección refuerza la realidad de que aun una pequeña pieza (como una de las partes de una linterna) es capaz de grandes cosas cuando está en las manos correctas.

1) Manteniendo el salón aún a oscuras, pedir que un alumno de cada grupo le alcance al líder el elemento que han recibido. Es mejor hacerlo grupo por grupo. El líder caminará lentamente alrededor del salón mientras solicita a los alumnos que le alcancen las partes. Esto hará que los alumnos presten atención a la voz para poder ubicarlo.

2) Cuando haya juntado las cinco partes, él armará la linterna.

3) Encender entonces la linterna e iluminar a cada grupo para identificarlo.

Instrucción (5-10 minutos)

Esta sección ayudará a los alumnos a comprender que Jesús es el mayor proveedor cuando se trata de suplir nuestras necesidades, que no necesitamos buscar en ningún otro lugar para satisfacerlas, y que Jesús puede hacer grandes cosas utilizando lo que nosotros tenemos.

1) Mientras se permanece aún a oscuras, usar la linterna para leer en voz alta
Mateo 14:13-21. Se trata del relato de la alimentación de los cinco mil.

2) El líder iluminará su cara con la linterna y dirá algo como esto: **En aquel día, Jesús hizo un milagro y proveyó para las necesidades de la multitud. Jesús aún hoy realiza milagros y provee para nuestras necesidades presentes.**

3) Luego añadir: **Jesús nos comunica dos principios basados en esta historia de la Palabra de Dios que podemos aplicar a nuestras vidas. Son fáciles de entender pero difíciles de poner en práctica. El mensaje de Jesús incluye estas verdades:**

    a) No te preocupes, estoy a tu lado.
    b) Dame lo que tienes y verás lo que puedo hacer con eso.

4) Pedir a los alumnos que expresen algunos otros pensamientos que les haya sugerido la historia.

PROFUNDIZACIÓN

1) ¿Cuál era la actitud de los discípulos hacia la multitud cuando llegó la hora de comer? ¿Cuál fue la actitud de Jesús?

2) ¿Imaginamos por qué que Jesús les dijo a los discípulos que le dieran de comer a la multitud?

3) ¿Los discípulos sabían lo que Jesús podía hacer con los cinco panes y los dos peces? ¿Qué nos dice esto acerca de la habilidad de Jesús para satisfacer nuestras necesidades?

Aplicación (5 minutos)

Esta sección les proporcionará a los alumnos una oportunidad de recordar el mensaje al entregarles un objeto que funciona como disparador de esta verdad: Jesús provee para sus necesidades.

Entregar a cada alumno un elemento, para que se lo lleve a su casa, que le recuerde una de las dos verdades del mensaje de Jesús y sea el disparador de una tremenda realidad: Jesús provee para sus necesidades. Estos elementos pueden ser un caramelo de goma, un pedazo de pan (bañado en resina para que no se llene de moho), un llavero con forma de pez, o cualquier otro objeto apropiado.

MELODRAMA ESPONTÁNEO

Personajes

Jesús	Colina Sonriente
Simón	Alfiler
Judas	Multitud (1-20 alumnos*)
Gustavo	Discípulos (1-10 alumnos*)

(*Depende del número de alumnos que se tenga y del salón donde se monte el escenario)

Accesorios

Bolsa de papel	Galletas
Disfraces *	Salchichón

(*Opcionales, pero muy efectivos. ¡Sean creativos! ¡Cuánto más ridículos, mejor!)

Usa mis Galletas
Melodrama
Versión libre de Juan 6:1-15

(La Colina Sonriente ya debe estar en escena. Jesús y los discípulos entran en cuanto el relator comienza a leer. Jesús lleva una bolsa de papel.)

Un día Jesús andaba por ahí con sus discípulos, cerca del Lago de Galilea. Jesús contemplaba el lago y silbaba una melodía agradable. Todos los discípulos, excepto Judas, estaban dando saltos para mostrar quién era el más fuerte y fornido entre ellos. Judas contaba en voz alta el número de saltos que los otros daban. Judas siempre contaba. Aun podía contar en diferentes idiomas.

Mientras Jesús silbaba, los discípulos saltaban y Judas contaba (*entra la multitud*), una gran multitud comenzó a caminar hacia Jesús. Cuando la multitud se acercó, los discípulos dejaron de saltar y gritaron: «¡Eh, los de la multitud, siéntense!»

Jesús frunció el ceño mirando a sus discípulos y levantó las cejas. Los discípulos sabían lo que esto significaba, de modo que gritaron: «Los de la multitud, *por favor*, siéntense». La multitud agradeció que los discípulos fueran amables y respondió en alta voz: «¡Gracias, discípulos!» Los discípulos contestaron: «De nada, multitud».

Durante los siguientes diez segundos, la multitud y los discípulos pronunciaron saludos y exclamaciones en alta voz los unos a los otros. Judas contó los diez segundos en voz alta para que todos pudieran oír. (*La multitud ya debe estar sentada.*)

Después del amable intercambio, Jesús se sentó sobre la Colina Sonriente. La Colina sonrió. La multitud gritó: «¡Linda sonrisa!» Los discípulos contestaron en nombre de la Colina y dijeron: «Gracias, multitud». Para sorpresa de Jesús, la Colina Sonriente tenía hipo. Tuvo hipo con convulsiones durante quince segundos, pero continuó sonriendo todo el tiempo. Jesús seguía sentado en la Colina y soportaba los sacudones.

Luego de que a la Colina le cesó el hipo, Judas se acercó a Jesús, puso su pie sobre la Colina Sonriente, y dijo: «Hay por lo menos cinco mil personas aquí, y todos tienen hambre».

Jesús puso la mano derecha sobre sus ojos para cubrirlos del sol y recorrió con la mirada a la multitud. Dijo: «Excelente cálculo, Judas». Judas sonrió. Sacó su pie de la Colina Sonriente y respondió: «Gracias, Jesús, es muy amable de tu parte notar lo excelentes que son mis cálculos». Judas puso su otro pie sobre la Colina Sonriente.

Jesús dijo: «De nada». Tanto la multitud como los discípulos aplaudieron a Judas y a Jesús por ser tan amables el uno con el otro. Luego que los aplausos cesaron, Jesús le preguntó a Judas: «¿Hay algún McDonalds por aquí donde se puedan comprar gaseosas y hamburguesas para toda esta gente?»

Judas dijo: «McDonalds es mi negocio favorito. Me encanta contar las letras de ese nombre». La multitud se quejó porque el chiste había sido muy tonto. En ese momento, la Colina Sonriente estornudó y desparramó humedad sobre toda la multitud. La multitud se quejó otra vez. Judas dijo: «Todos nosotros tendríamos que trabajar 418 horas, 37 minutos, y 19 segundos con un salario mínimo para obtener el suficiente dinero como para comprar comida para toda esta gente». La multitud y los discípulos aplaudieron a Judas, no por su rapidez para los cálculos matemáticos, sino por haber podido recordar esta oración tan larga del melodrama.

En ese momento Simón, otro de los discípulos de Jesús, saltó, poniéndose de pie, y corrió hacia Jesús. Colocó su pie sobre la Colina Sonriente, que todavía sonreía. Simón señaló a un muchacho que estaba en medio de la multitud, llamado Gustavo, y dijo: «Hay un jovencito que tiene cuatro galletas y tres rodajas de salchichón». (*Gustavo debe estar sentado entre la multitud, con las galletas y el salchichón en sus manos.*)

Jesús le dijo: «Ponte de pie, muchacho». Gustavo se puso de pie, caminó hacia Jesús y puso un pie sobre la Colina Sonriente. Cuando Gustavo se distrajo un poco, Judas le robó un pedazo de salchichón y rápidamente se lo metió en la boca. Jesús extendió una bolsa de papel abierta hacia Gustavo para que él pusiera su comida adentro. Al colocar la comida dentro de la bolsa, Gustavo se dio cuenta de que le faltaba una rodaja de salchichón. Gustavo permaneció quieto y confundido durante diez segundos. Judas contó los diez segundos silenciosamente, pero moviendo los labios como para que Gustavo se diera cuenta de cuándo debía dejar de parecer confundido.

Entonces Gustavo quedó desconcertado, perplejo y desorientado, lo que es igual que confundido, porque estas palabras figuran en el diccionario como sinónimos de «confundido». Ahora Gustavo se veía más confundido aún, pero la multitud lo comprendió y le dio un aplauso más cerrado todavía. Simón entonces gritó: «Judas robó el salchichón. Yo lo vi». La multitud rápidamente se dio vuelta para mirar a Judas. La gente decía «¡Ooh!» y «¡Aah!» Justo en ese momento, la Colina Sonriente eructó. Esto silenció a la multitud. Estaba todo tan silencioso que se podía oír el sonido de un alfiler al caer. (*Entra Alfiler.*) Precisamente en ese instante el Alfiler se cayó al piso produciendo un ruido muy fuerte. La multitud se quejó a causa de ese chiste tan bobo. El Alfiler protestó por la parte ridícula que le había tocado representar en el melodrama. Todos continuaban mirando a Judas todavía. Judas parecía asustado – tan asustado que le temblaban las rodillas. Jesús le dijo: «Relájate, hombre. No será esta la única vez que te encuentres en problemas».

En ese momento Jesús dijo: "Recuéstense todos de espaldas". La multitud gritó al unísono, «Sólo si lo pides por favor». Jesús sonrió y le guiñó un ojo a la Colina Sonriente porque sabía que sus buenos modales se le estaban contagiando a la multitud. Jesús dijo: «¡Por favor!» Y todos se tiraron al piso.

Entonces Jesús continuó: «Levanten el pie derecho, bajen el pie derecho, levanten el pie izquierdo y háganlo girar». La multitud siguió las indicaciones de Jesús. (*Tal vez sea necesario que Jesús vuelva a repetirlo.*) La multitud sonrió porque sabía que algún día se la mencionaría como la primera que había participado de este juego.

Jesús luego dijo: «¡Por favor! Siéntense todos». Jesús levantó la bolsa de papel delante de la multitud y agradeció a Dios por la comida diciendo: «Gracias, Dios, por esta comida». La multitud aclamó la oración. Jesús comenzó a repartir toneladas de salchichón y galletas. (Imaginarias por supuesto –se trata de una parodia, no de la realidad.) Cada persona de la multitud recibe con alegría la comida imaginaria y se la come con imaginario deleite.

Después que todos hubieron comido lo suficiente, Jesús les dijo a los discípulos: «Junten las sobras de salchichón y galletas para que no se desperdicie nada». Los discípulos brincaban esquivando a uno y otro y silbaban entre la multitud mientras recogían la comida imaginaria. Juntaron la suficiente comida imaginaria como para llenar doce cestas imaginarias.

Cuando la multitud se dio cuenta de que acababa de presenciar un milagro, de pronto pareció desconcertada, perpleja y desorientada. Gustavo sonreía porque se sentía identificado con esa expresión. La multitud se sacudió esa expresión de la cara y dijo: «¡Ay ay ay! ¡Increíble! ¡Jamás en la vida vimos algo igual!»

La multitud se puso de pie y comenzó a dar vivas, enloquecida. Jesús y sus discípulos aprovecharon la conmoción para desaparecer. La multitud recogió la Colina Sonriente y salió de escena. Gustavo se quedó solo... todavía sonriente. Dijo: «¡Este debe ser el profeta que ha venido a salvarnos!»

La Colina Sonriente gritó a lo lejos: «Gracias». La audiencia que observaba gritó: «De nada». Y todos aplaudieron al Alfiler por cerrar el show. Fin.

LECCIÓN NUEVE

JESÚS COMO EL QUE PERDONA
Juan 7:53-8:11

MATERIALES NECESARIOS

■ Copias de *Los más bus-cados del mundo* (pági-nas 77-78)
■ Cinco copias por alum-no de *Necesito tu per-dón* (página 79)
■ Tiza y pizarra o algún equivalente.

Resumen previo

Esta lección ha sido diseñada para ayudar a los alumnos a entender que Jesús murió por sus pecados, y que el poder del perdón es liberador.

Introducción (5-10 minutos)

En esta sección los alumnos leerán acerca de ciertos individuos malvados e infa-mes, y luego harán una clasificación de los delitos, señalando cuáles son los más despreciables según su opinión.

1) Repartir a cada alumno una copia de *Los más buscados del mundo* (páginas 77-78).

2) Darles unos minutos para completar sus hojas.

3) Mientras los alumnos trabajan, hacer arreglos para que algunos hagan comentarios como: «No hay un delito peor que otro. Todos son terribles». Señalar que sus observaciones son exactas, pero lanzarles el desafío de completar sus hojas. Pedirles a todos los alumnos que señalen específicamente por qué consideran que algunos de esos delitos son peores que otros.

4) Pedir que expliquen el porqué de sus elecciones. Los alumnos probablemente agregarán comentarios propios acerca de delitos sobre los que han oído; de modo que debemos estar preparados para alguna diresión breve. Lo más probable es que la mayoría de los alumnos consideren que todos estos delitos son igualmente horri-bles. Decir algo así: **Todos estos delitos son malvados, pero algunas acciones pue-den parecernos inusualmente crueles.**

Participación (15-20 minutos)

Esta sección ayudará a los alumnos a notar que en tanto que las consecuencias del pecado son diferentes, sin embargo, todos somos culpables por obrar mal.

1) Se elegirá en forma grupal uno de los personajes de la hoja *Los más buscados del mundo* para juzgarlo.

2) Una vez que se haya tomado una decisión, anunciar que se necesita un jurado. Llamar a diferentes personas al frente como candidatos en el proceso de selección de un jurado. El resto del grupo decidirá quiénes de entre ellos serán los miembros del jurado. Aconsejar a los alumnos que presten mucha atención a las respuestas que den los posibles miembros del jurado.

3) Pedir a los candidatos a miembros del jurado que se paren en línea, de frente al resto del grupo. Para seleccionar el jurado, ir de uno en uno, siguiendo el orden de la fila, haciéndole las preguntas que figuran más abajo. Decir algo como esto: **Les voy a hacer a todos las mismas preguntas. Contesten solo si o no. No den explicaciones.**

4) Una vez que los alumnos hayan entendido su rol, comenzar a interrogar al potencial jurado. Se pueden utilizar las preguntas que siguen o elaborar otras similares. Notemos la progresión de las preguntas. Esto es para asegurarnos de que cada miembro potencial del jurado resulte culpable de alguna mala acción. Agregar más preguntas si fuera necesario.

- ¿Alguna vez asesinaste a alguien?
- ¿Alguna vez saliste con una banda a armar una balacera para vengarte de alguien?
- ¿Alguna vez robaste un banco?
- ¿Alguna vez malversaste dinero?
- ¿Alguna vez tomaste una golosina de algún recipiente de un almacén?
- ¿Alguna vez te cobraron una multa por exceso de velocidad?
- ¿Alguna vez cruzaste la calle imprudentemente?
- ¿Alguna vez olvidaste contarle a tus padres algunos «detalles» de la fiesta a la que asististe?
- ¿Alguna vez le contestaste a tus padres?

5) Una vez que cada persona finalmente haya admitido ser culpable de alguno de estos delitos, informar al grupo que es momento de elegir el mejor jurado que les sea posible. Es requisito que los miembros del jurado sean perfectos, que no hayan hecho nada malo. Darle al grupo unos minutos para tomar la decisión. El grupo puede o no descalificar a todos los candidatos a jurado. Si no descalifican a todos, pedir a los alumnos que expliquen por qué piensan que algunos no son culpables de ninguna transgresión.

6) Sin importar el resultado, anunciar que se declara el juicio nulo porque ninguna de esas personas es perfecta. Cada una es culpable de haber hecho algo malo. Y dado que lo que se busca es un jurado perfecto, ninguno califica.

7) Para proseguir a la siguiente sección, decir algo así: **Cuando se trata de los criterios de Dios, es obvio que ninguno de nosotros califica.**

Instrucción (10 minutos)

Esta sección ayudará a que los alumnos comprendan que nuestro pecado nos hace culpables delante de Dios. Jesús es aquel que perdona nuestro pecado y actúa en defensa de nosotros delante de Dios.

1) Comenzar diciendo: **La Biblia señala que todos somos culpables de pecado** (leer al grupo Romanos 3:23). **Pero tenemos buenas noticias: Jesús sale en defensa de nosotros. Sin él, todos somos tan culpables como la gente que ha cometido los peores crímenes. Si no fuera por Jesús, no tendríamos esperanza de perdón.**

2) Leer en voz alta Juan 8:1-11.

3) Asegurarse de que los alumnos entiendan el perdón de Jesús hacia esta mujer.

4) Tratar de conseguir de los alumnos una información de ida y vuelta. Puede ser que perciban o que no perciban una diferencia entre perdonar a alguien por adulterio y perdonar a alguien por alguno de los delitos que aparecen en la hoja *Los más buscados del mundo*.

5) Continuar tratando el tema a través de una o más de las preguntas que siguen:

   a) Aunque Jesús perdona todos los pecados, ¿creemos que hay pecados que acarrean peores consecuencias que otros? Dar un ejemplo.

   b) ¿Cómo pedimos perdón? Después de recibir algunas respuestas, leer el siguiente pasaje:

   Si confesamos nuestros pecados, Dios, que es fiel y justo, nos los perdonará y nos limpiará de toda maldad (I Juan 1:9).

   c) Basándonos en 1 Juan 1:9, ¿con qué propósito confesamos nuestros pecados?

6) Hacer referencia al pasaje siguiente para señalar la buena noticia de que Dios no solamente perdona nuestros pecados sino que también los olvida:

Yo soy el que por amor a mí mismo borra tus transgresiones y no se acuerda más de tus pecados (Isaías 43:25).

Observación (5-10 minutos)

Esta sección ayuda a los alumnos a ver, oír, y entender que Dios no solo perdona sino que olvida.

   1) Pedir a los alumnos que, uno por uno, dibujen en la pizarra un símbolo que represente sus «delitos», bajo el título «Perdóname por ...» Señale a uno de los alumnos para que asuma el papel de "Dios." A medida que cada «delincuente» pide per-

dón, quien hace de «Dios» se acerca a la pizarra y borra su pecado, ilustrando el otro aspecto del perdón, que es el olvido. Luego el alumno que representa a «Dios» mira al pecador arrepentido para decirle: «¿Perdonarte por qué?»

2) Explicar a los alumnos que no importa cuántas veces tengan que venir a la pizarra a inscribir sus delitos, Dios borrará el pecado. Aun aquellos pecados con los que luchamos una y otra vez son perdonados por Dios cuando nos acercamos a él buscando su misericordia.

Aplicación (5 minutos)
Esta sección proporciona a los alumnos algunos recordatorios del poder de Dios para perdonar y les provee un instrumento que les permite entender más ampliamente el perdón de Jesús.

1) Dar a cada alumno cinco copias de la hoja *Necesito tu perdón* (página 79)

2) Hacer que completen la primera copia en este momento.

3) Recomendar a los alumnos que completen las otras copias cada noche antes de irse a dormir.

LOS MÁS
BUSCADOS
DEL MUNDO

Después de leer las cinco descripciones siguientes, clasificar a estos criminales comenzando por el peor de ellos. Otorgar a la peor persona un uno, a la segunda un dos, y así sucesivamente.

_____Al «Cara cortada» Capone

_____El Estrangulador de Boston

_____Billy the Kid

_____Charles Manson

_____El Hijo de Sam

Al «Cara cortada» Capone *(1899-1947)*

Al Capone fue uno de los pistoleros más brutales de su tiempo. Se jactaba de ser el «dueño» de la policía de Chicago durante los años de la Ley Seca. Se ha estimado que más de la mitad de los policías de la ciudad recibían dinero de él. En una ocasión, Capone, sin ayuda de nadie, le dio una paliza al alcalde de Chicago en las escalinatas de la municipalidad, mientras los agentes de policía que estaban en los alrededores miraban para otro lado. Se estima que durante el reinado de su pandilla ordenó la muerte de más de quinientos hombres, y que más de mil personas murieron en la guerra entablada por el contrabando de alcohol.

Albert Desalvo, El Estrangulador de Boston *(1933-1973)*

En dos años, Alberto Desalvo mató a trece mujeres en Boston, Massachussets. Usó una diversidad de métodos para convencer a mujeres que vivían solas de que lo dejaran entrar en sus casas. Una vez, por ejemplo, se hizo pasar por agente de policía para entrar en la casa de una mujer. Una vez adentro, abusaba sexualmente de la víctima y la estrangulaba. Las mujeres de Boston sentían tanto temor que se negaban a abrir la puerta. Finalmente fue atrapado, enviado a la cárcel de por vida, y muerto a puñaladas en su celda.

William «Billy the Kid» Bonney *(1859-1881)*

A pesar de haber sido descripto como un buen tipo, Bonney era un asesino feroz. El nombre real de Billy the Kid era Henry McCarty. Usó el seudónimo de William Bonney después de haber matado a un hombre de un tiro durante una pelea. Mientras escapaba, Billy the Kid fue contratado por un ranchero que se convirtió en su amigo. Cuando mataron al ranchero en una disputa por cuestiones de límites, Billy juró que «atraparía» a todos los que tuvieran algo que ver con la muerte de este hombre. Después de una carrera loca de venganza, Billy the Kid terminó matando a un agente de la ley. Fue atrapado por este asesinato y posteriormente encarcelado. Mientras esperaba en prisión para ser colgado, se escapó y mató a dos agentes del orden.

Charles Manson *(1934-)*

Los seguidores de Charles Manson, el líder de una secta, entraron a una propiedad en Los Ángeles, California, y asesinaron a cinco personas, incluyendo a una mujer embarazada. Les dispararon, los acuchillaron y los acabaron a palos. Los asesinos usaron la sangre de las víctimas para escribir disparates sobre las paredes. Durante la matanza, uno de los asesinos daba alaridos diciendo: «¡Soy el diablo y vine a hacer la obra del diablo!» Dos noches más tarde, esta escena increíble se repitió en otra casa. Con el tiempo, los criminales fueron identificados como pertenecientes a la «familia» Manson. Este grupo sectario experimentaba con drogas y llevaba a cabo ceremonias religiosas extrañas construidas en torno a Charles Manson como figura central, una especie de Cristo. Él y algunos de sus seguidores están en prisión todavía hoy.

El Hijo de Sam *(1953-)*

Este hombre aterrorizó a la ciudad de Nueva York. Disparó un total de treinta y una balas contra trece mujeres y hombres jóvenes, matando a seis e hiriendo gravemente a siete en ocho ataques separados. Generalmente las víctimas eran chicas jóvenes o parejas dentro de automóviles durante la noche. Después de ser atrapado, se declaró culpable y se lo sentenció a cadena perpetua.

NECESITO TU PERDÓN

Si confesamos nuestros pecados, Dios... nos los perdonará. 1 Juan 1:9a.

1) Digámosle a Dios: «Necesito tu perdón. Te confieso los siguientes pecados»:

      _____

      _____

      _____

      _____¡Por favor perdóname!

... Dios, que es fiel y justo, nos los perdonará y nos limpiará de toda maldad.
(1 Juan 1:9b)

2) Tomémonos un minuto para agradecerle a Dios por perdonarnos y limpiarnos de todo lo malo que hemos hecho.

Yo soy el que por amor a mí mismo borra tus transgresiones y no se acuerda más de tus pecados.
(Isaías 43:25)

3) Dado que Dios perdona nuestros pecados, arrojemos lejos esta hoja de modo que nunca más volvamos a ver estos pecados ya confesados.

NECESITO TU PERDÓN

Si confesamos nuestros pecados, Dios... nos los perdonará. 1 Juan 1:9a.

1) Digámosle a Dios: «Necesito tu perdón. Te confieso los siguientes pecados»:

      _____

      _____

      _____

      _____¡Por favor perdóname!

... Dios, que es fiel y justo, nos los perdonará y nos limpiará de toda maldad.
(1 Juan 1:9b)

2) Tomémonos un minuto para agradecerle a Dios por perdonarnos y limpiarnos de todo lo malo que hemos hecho.

Yo soy el que por amor a mí mismo borra tus transgresiones y no se acuerda más de tus pecados.
(Isaías 43:25)

3) Dado que Dios perdona nuestros pecados, arrojemos lejos esta hoja de modo que nunca más volvamos a ver estos pecados ya confesados.

LECCIÓN DIEZ

JESÚS COMO HÉROE
Marcos 14:43-51

MATERIALES
NECESARIOS

- Tarjetas de 9cm por 13cm
- Una copia de ¿Valiente o estúpido? (página 84)
- Un marcador
- Un tablón de madera de 2 por 4 pulgadas.
- Lápices
- Un premio ridículo
- Copias de Citas sobre la valentía (página 85)

Resumen previo

Esta lección está pensada para lograr que los alumnos hablen acerca del miedo. También los ayudará a entender que Jesús no sentía miedo porque confiaba en los planes de Dios. También les presenta a los alumnos el desafío de reemplazar sus temores por la confianza en el plan que tiene Dios para sus vidas.

Introducción (5-10 minutos)

Esta sección lleva a los alumnos a pensar en las diferencias que hay entre la valentía y la estupidez.

1) Dividir a los alumnos en cuatro grupos.

2) Preparar cuatro tarjetas de 9 cm por 13 cm para cada grupo (dieciséis tarjetas en total). Escribir la palabra «estúpido» en dos de las cuatro tarjetas de cada juego, y la palabra "valiente" en las otras dos.

3) Solicitar dos alumnos voluntarios de cada equipo. A cada uno de estos alumnos se les dará una tarjeta que diga «tonto» y una que diga «valiente». Ubicar a los dos alumnos del mismo equipo de tal modo que no puedan ver sus repuestas.

4) Explicar a los alumnos que se les leerá una lista de acciones que pueden ser calificadas con cualquiera de estas dos palabras (ver *¿Estúpido o valiente?* página 84). A medida que se vaya leyendo la lista, los alumnos voluntarios deberán decidir qué acciones son estúpidas y cuáles son actos de valentía.

5) Los alumnos voluntarios inmediatamente votarán por cada acción levantando ya sea la tarjeta que dice «estúpido» o la que dice «valiente».

6) Otorgarle 100 puntos a cada equipo cada vez que sus dos voluntarios concuerden en las respuestas. Del mismo modo, quitarle 100 puntos cada vez que los compañeros de equipo no concuerden. Es posible que un equipo termine con un resultado negativo.

7) Si se desea, se pueden agregar a la lista acciones relacionadas específicamente con nuestras áreas, con las escuelas de los alumnos o con la iglesia.

Participación (10-15 minutos)

Esta sección hará participar a los alumnos en una actividad que juega con las emociones del miedo y la confianza.

1) Informar a los alumnos que ha llegado el momento de dar una lección de paracaidismo. Pedir tres alumnos voluntarios y enviarlos fuera del salón. Hacer que los otros alumnos griten con entusiasmo. (Esto producirá mucho efecto en lo que hace a la participación de los alumnos en el juego.)

2) Hacer entrar a los voluntarios, de uno en uno y pedirles que se paren sobre un tablón de madera resistente de 2 por 4 pulgadas que luego será levantado por dos de los muchachos más fuertes. La persona que se pare sobre el tablón deberá usar el hombro del líder a modo de apoyo para no caerse. Se levanta la tabla alrededor de un metro, y entonces se le pide al participante que salte dentro de un pequeño círculo para ganar cinco puntos. Luego se le levanta más arriba y el participante vuelve a saltar por 10 puntos.
La última vez, por 100 puntos, el participante debe saltar con los ojos vendados. Pero esta vez los muchachos levantarán la tabla solo diez cm del piso, mientras se agachan hasta bien abajo para darle al que está con los ojos vendados la sensación de que está a más de un metro del piso. La mayor parte de los alumnos que saltan dan un grito o un alarido porque creen que van a caer al piso desde una altura considerable.

3) Entrevistar a los alumnos que han participado y permitirles expresar sus sentimientos con respecto a la experiencia.

Observación (5-10 minutos)

Esta sección ayudará a los alumnos a descubrir a qué cosas les tienen miedo y a identificar las razones de sus miedos.

1) Solicitar que tres voluntarios pasen al frente para una «prueba escénica» de expresiones de temor. Instruir a los voluntarios para que le den la espalda al grupo y preparen sus expresiones. Luego, cuando se les dé la señal, deben volverse y mostrar sus gestos de temor. Si se desea, puede pedírseles a los voluntarios que expresen ligera sorpresa, temor y terror total. El grupo votará por la mejor exhibición, y se le entregará un premio ridículo al ganador.

2) Hacer que los alumnos hablen sobre aquellas cosas a las que les temen. Confeccionar una lista de esas cosas en el pizarrón a medida que ellos las mencionan.

3) Como actividad opcional se puede traer un ratón blanco (o un hamster) y hasta una culebra para que los alumnos los toquen, o no, según sea el temor que sientan hacia los ratones o las víboras. Conseguir que los chicos hablen de sus miedos.

4) Para hacer una transición a la siguiente sección decir algo como esto: **Algunas veces, cuando podemos identificar el origen de un miedo se nos hace más fácil enfrentarlo. Y como cristianos, tenemos el mejor recurso para enfrentar nuestros miedos.**

Instrucción (5-10 minutos)
Esta sección lleva a los alumnos a descubrir la valentía que demostró Jesús al tener fe en el plan de Dios para él.

1) Leer en voz alta Marcos 14:43-51. Si es posible, animar (sin forzarlo) a alguien del grupo que normalmente es tímido o callado para que lea el pasaje seleccionado. Si la persona no se siente bajo coerción, este puede resultar un buen ejercicio de valentía para ella.

2) Señalar algunos de los hechos clave de este pasaje, diciendo por ejemplo: **Jesús sabía que esto iba a suceder. Él fácilmente pudo haber escapado o tal vez haberse escabullido de los guardias antes de que lo prendieran. Notemos que los discípulos, según la Biblia, estaban tan aterrorizados que huyeron.**

3) Enfatizar el excelente pensamiento impreso al pie de la página 85: Deja que tus TEMORES sean reemplazados por la confianza en el plan de Dios para tu vida. **Notar que la valentía de Jesús en esta situación ilustra su confianza en el plan de Dios para su vida. Y nosotros también podemos hacer lo mismo.**

4) Permitirles a los alumnos expresar otros pensamientos que les pueda haber sugerido la historia.

PROFUNDIZACIÓN

1) Por la manera en que el populacho se había armado, ¿qué clase de reacción esperaban de Jesús? ¿Y de los discípulos?

2) Aún después de su arresto, ¿cómo mostró Jesús que todavía controlaba la situación?

3) Supongamos que nosotros somos los discípulos. Describir la situación desde esa perspectiva. Hablar acerca de algunos de los miedos que podríamos tener.

Aplicación (5-10 minutos)
Esta sección hace que los alumnos personalicen la valentía escribiendo una definición.

1) Hacer que los alumnos lean en voz alta algunos de sus pensamientos favoritos de *Citas sobre la valentía* (ver página 85).

2) Después de la lectura de las citas, pedir a los alumnos que tracen un círculo alrededor de las citas con las que más se identifican.

3) A continuación, pedirles que escriban sus propias definiciones de valentía.

4) Recoger estas definiciones, de modo que se puedan compilar y sacar copias para repartir en el siguiente encuentro. También consultar al pastor si resulta posible publicar algunas de las definiciones de los alumnos en el boletín de la iglesia de la siguiente semana.

¿ESTÚPIDO O VALIENTE?

Practicar «bungee jumping» desde un puente (salto
sostenido por una cuerda elástica atada a los pies)

Meter la mano en una licuadora

Atarse una chuleta a la espalda y atravesar corriendo
la jaula de un león

Comer una cebolla cruda

Romper una relación por teléfono

Romper una relación personalmente

Llevar la Biblia a la escuela

Defender las creencias propias

Hacer una cita a ciegas

Ser amigo de alguien que no es demasiado popular

Presentarse a una práctica de fútbol sin los botines

Decirle a la mamá que su comida es horrible

Alentar al equipo contrario en un partido de fútbol

Volar en un jet con un equipo de acrobacia aérea

Atreverse a _____ (completar el espacio)

Sostener en las manos una víbora de cascabel

Darle un beso en la boca a la tía Dorita

Caminar sobre carbones encendidos

Invitar a alguien a comer un guisado de
frijoles en la primera cita.

CITAS SOBRE LA VALENTÍA

«La valentía es la primera de las cualidades humanas porque es la cualidad que garantiza todas la demás». Winston Churchill

«El hombre más fuerte del mundo es aquél que está solo». Henrik Ibsen

«Es fácil ser valiente desde una distancia prudencial». Esopo

«El cobarde llama al hombre valiente temerario; el hombre temerario lo llama cobarde». Aristóteles

«La valentía de un hombre consiste en soportar resueltamente lo que el cielo envíe». Eurípides

«Sin justicia, el coraje es débil». Benjamín Franklin

«Hay mucha valentía entre nosotros en cuanto a lo abstracto pero no en lo concreto». Helen Keller

«La valentía es como el amor, debe alimentarse de la esperanza». Napoleón

«La valentía es una clase de salvación». Platón

«La valentía es resistir al miedo, controlar el miedo; no es la ausencia de él. Excepto que una criatura sea en parte cobarde, no resulta un elogio decir que es valiente». Mark Twain

«Nunca podríamos aprender a ser valientes y pacientes si sólo existiera el gozo en el mundo». Helen Keller

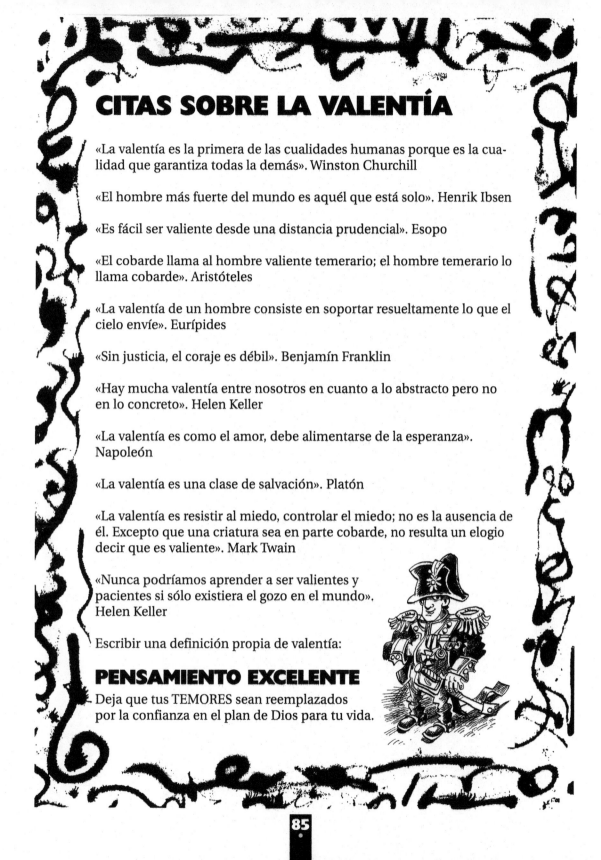

Escribir una definición propia de valentía:

PENSAMIENTO EXCELENTE

Deja que tus TEMORES sean reemplazados por la confianza en el plan de Dios para tu vida.

LECCIÓN ONCE

JESÚS COMO SALVADOR
Juan 19:1-30

MATERIALES
NECESARIOS

- *Cinco pliegos de papel afiche*
- *Soga, hilo, o cuerda*
- *Un rollo o un pliego de papel rojo de 2.5 m de largo.*
- *Un marcador*
- *Tiza*
- *Salsa de tomate*
- *Espinaca en lata*
- *Sopa crema*
- *Maíz en lata a la crema*
- *Mostaza*
- *Trapo de piso*
- *Cinta adhesiva transparente*

Resumen previo

Esta sección está diseñada para mostrarles a los alumnos que sus pecados los alejan de Dios. También los ayuda a entender que Jesús murió por sus pecados para que ellos puedan relacionarse con Dios.

Introducción (10 minutos)

Esta sección captará la atención de los alumnos sobre el tema del pecado.

1) Escribir en letra grande cinco pecados diferentes, sobre los cinco pliegos de papel afiche: un pecado por pliego. Aquí van algunos ejemplos:

> Mentira
> Engaño
> Robo
> Soberbia
> Sexo prenupcial

2) Pegar con cinta adhesiva los cinco pliegos a la pared en forma horizontal de modo que los alumnos puedan verlos.

3) Pedir a los alumnos que ordenen en forma de columna vertical los cinco pecados por orden de importancia. Les darán una calificación de 1 a 5, colocando en quinto lugar el peor. Indicar a los alumnos que deben ir cambiando de lugar los pliegos de papel en tanto deciden la calificación que les darán. Dado que lograr este ordenamiento por unanimidad no será fácil, se debe estar preparado para ser democrático.

4) Es posible que algunos de los alumnos nos recuerden que ante los ojos de

Dios el pecado es pecado y no hay ningún pecado peor que otro. Si esto ocurre, indicar a los alumnos que ordenen los pecados de acuerdo con las consecuencias potenciales que pueden acarrear para quienes los cometen y para los demás, o según la severidad con que la sociedad los juzga.

5) Después que los alumnos hayan ordenado los pecados según su gravedad, quitar los pliegos de papel afiche de la pared.

Participación (20 minutos)

Esta sección intenta enseñar a los alumnos que en materia de pecado no hay ganadores. No se trata de un juego, y tiene consecuencias.

1) Ubicar los cinco pliegos de papel afiche sobre el piso tal como aparece en la ilustración de la página 91

2) Estos «carteles de pecados» funcionarán como un pseudo tablero de juego. Cada pecado representará un espacio en el tablero de juego.

3) Directamente frente a los carteles de los pecados, colocar dos trozos de soga, hilo, o cuerda con una separación de alrededor de 30 cm (Ver diagrama del "Esquema para el piso" en la página 91).

4) Colocar una hoja de papel con la palabra «pecador» junto al primero de los trozos de soga y otra hoja de papel con la palabra «sin pecado» junto al otro trozo de soga.

5) A continuación, formar una fila de jugadores frente a la soga con el cartel «sin pecado». (Nota: Si el grupo es grande, dividirlo en cuatro equipos, y hacer que una persona de cada equipo se pare al lado de cada pecado. De esta manera, se podrá hacer participar a cinco alumnos de cada equipo, o sea veinte alumnos en total.

6) Para comenzar el juego, un jugador de cada equipo deberá saltar desde la soga con el cartel «sin pecado» hacia la soga donde dice «pecador» y gritar «Yo puedo ser como Dios». Esta declaración está basada en las mentiras que le dijo la serpiente a Eva en Génesis 3:5.

7) Una vez que han realizado el salto, comienza el juego en serio. Explicar a los alumnos que se le otorgarán los puntos al primer jugador o equipo que complete las consecuencias de todos los pecados. En otras palabras, si hay cuatro equipos, cuatro jugadores de cada equipo estarán compitiendo por ser los primeros en completar las consecuencias del pecado y pasar al próximo cuadro. Asignar a cada equipo una persona que lleve el control de los puntos que obtiene.

8) Asignar «consecuencias» o penalidades que se deben cumplir por cada pecado. Utilizar la lista de actividades sugerida aquí, o adaptarla según el grupo.

Pecado	Consecuencia
Mentir	Girar cinco veces sobre uno mismo
Engañar	Hacer tres abdominales

Robar	Dar diez saltos
Soberbia	Saltar sobre un pie por diez segundos
Sexo prenupcial	Correr alrededor gritando «Ay»

9) Inmediatamente después del último recuadro de pecado, colocar dos trozos de soga con una separación de por lo menos dos metros. Escribir las palabras «pecador» y «perdonado» en dos hojas de papel separadas y colocar una hoja junto a cada soga (similar a lo realizado en los pasos tres y cuatro).

10) Explicar que el ganador del juego, más allá de los puntos que se hayan obtenido, será la persona o el equipo que logre saltar de la soga "pecador" hasta la soga "perdonado." El salto se realizará desde una posición (parados) y sin tomar carrera. Asegurarse de que la distancia entre las dos sogas resulte imposible de saltar para cualquier alumno, aunque sea un atleta.

11) Después de que cada grupo haya hecho intentos sin éxito por saltar de una soga a otra, pedir a los alumnos que se sienten. No declarar a nadie ganador. Mantener el juego abierto hasta la sección Aplicación.

Observación (5-10 minutos)

Esta sección ayudará a los alumnos a darse cuenta de los desastres que han producido la perversidad y el pecado.

1) Antes de comenzar con esta sección,

   a) Ubicar una pizarra (preferentemente blanca) cerca de las dos sogas alrededor de las cuales los alumnos se han sentado;

   b) Colocar un trapo de piso debajo de la pizarra, para recoger la suciedad que va a resultar.

2) Informar a los estudiantes que el pizarrón representa la maravilla de sus vidas, ya que ellos han sido creados a semejanza de Dios.

3) Explicar que aunque cada persona ha sido creada a imagen de Dios, tiene que enfrentar el hecho de que ha pecado. Todos somos pecadores por naturaleza.

4) A medida que se va explicando esto, arrojar distintas clases de comida y de colores sobre la pizarra para ilustrar gráficamente la suciedad del pecado. Por ejemplo, se pueden usar estas comidas para ilustrar los siguientes pecados:

   • Salsa de tomates para ilustrar la mentira
   • Espinaca en lata para ilustrar el engaño
   • Mostaza para ilustrar el robo
   • Crema de maíz para ilustrar la soberbia
   • Sopa crema para ilustrar el sexo prenupcial

5) Enfatizar que ese lío desagradable que están viendo es semejante al pecado en nuestras vidas.

6) De paso, es bueno recordar que luego habrá que limpiar para que el encargado del edificio no renuncie a su trabajo.

Instrucción (5-10 minutos)

Esta sección ayudará a los alumnos a entender que Jesús suplió la necesidad que ellos tenían de un salvador muriendo por su «suciedad», esto es, por sus pecados.

1) Leer en voz alta Juan 19:1-30.

2) Decir a los alumnos: **Con su muerte en la cruz, Jesús completó la obra que fue enviado a realizar. Esa muerte fue en pago por nuestros pecados.**

3) Luego añadir: **Jesús vino a la tierra, vivió, y murió para abrirnos un camino hacia Dios. Es imposible acercarnos a Dios si no es a través del Salvador.**

4) Permitir que los alumnos compartan cualquier otro pensamiento que la historia les haya sugerido.

Aplicación (5 minutos)

Esta sección ayuda a los alumnos a comprender que la única manera de salvarse de las consecuencias eternas de su maldad es a través de la muerte de Cristo.

1) Desplegar el rollo de papel rojo (o pegar varios pliegos de papel uno a continuación del otro) y escribir algunos versículos clave referidos a la salvación sobre el papel (por ejemplo, Juan 3:16; Romanos 10:9; 1 Juan 1:9). La imagen que el papel rojo representa es el sacrificio de Cristo que nos permite tener acceso a Dios.

2) Colocar este papel entre las dos sogas, de modo que las una.

3) Hacer que los alumnos escriban sus nombres en la tira de papel, indicando la necesidad que tienen de acogerse al sacrificio de Jesús y del compromiso que desean establecer con él.

4) Colgar luego este papel en el salón de reuniones juveniles como un recordatorio de lo que hace falta para llegar a tener una relación correcta con Dios.

PROFUNDIZACIÓN

1) Imaginemos que estamos presenciando la Crucifixión. Somos seguidores de Jesús y estamos parados junto a la multitud. ¿Qué pensaríamos y sentiríamos al observar lo que está ocurriendo? ¿Todavía consideramos que vale la pena seguir a Jesús? Explicar las respuestas.

2) Leer Juan 19:30 otra vez. Las últimas palabras de Jesús antes de morir fueron "Consumado es." ¿Qué es lo que Jesús consumó cuando murió en la cruz?

3) No es necesario responder esta pregunta en voz alta: ¿Cómo responderemos al ofrecimiento que Jesús nos hace de perdón y salvación?

PLANO DE
DISTRIBUCIÓN EN EL PISO

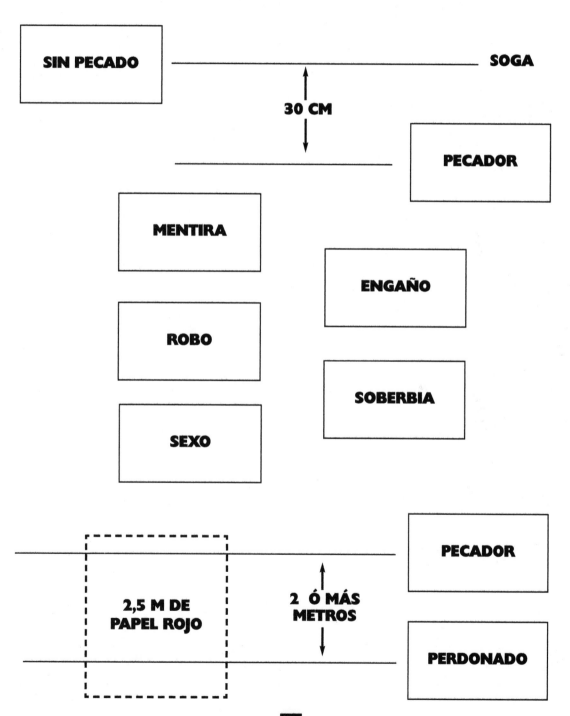

SIN PECADO

SOGA

30 CM

PECADOR

MENTIRA

ENGAÑO

ROBO

SOBERBIA

SEXO

2,5 M DE
PAPEL ROJO

2 Ó MÁS
METROS

PECADOR

PERDONADO

LECCIÓN DOCE

JESÚS COMO VENCEDOR
Juan 20:1-29

MATERIALES NECESARIOS

■ *Premios cómicos tales como trofeos usados.*
■ *Materiales para juegos selectos (ver Introducción)*
■ *Una copia del vídeo Rocky IV*
■ *Un televisor*
■ *Una vídeo reproductora*
■ *Copias de Hoja de actividades sobre la victoria (página 96)*
■ *Cartas de la Lección 1 Querido Jesús*
■ *Golosinas y dulces para el ganador del «concurso» (opcional)*

Resumen previo

Esta lección ha sido diseñada para hacerles ver a los alumnos que Jesús fue vencedor sobre la muerte. A causa de su victoria, ellos también pueden resultar vencedores y vivir eternamente.

Introducción (10 minutos)

Esta sección lleva a los alumnos a pensar sobre lo que significa la terminología y el concepto de ganar o salir victorioso.

1) Usar una de las dos ideas de juegos que sugerimos, o inventar un juego propio. El énfasis no está en el juego en sí, sino en el resultado.

a)Armar un show de entrega de premios. Los premios pueden ser desde golosinas hasta trofeos. (Se pueden comprar trofeos de segunda mano, que son baratos y sirven perfectamente como premios cómicos.) Entregar los premios por categorías, tales como: a la persona que

• más probablemente le afeite la barba a su perro
• más probablemente le afeite el bigote a su abuela
• sea la mejor exagerando las historias
• inventa las mejores excusas para faltar al grupo de adolescentes
• tiene la mejor risa

b) Dividir a los alumnos en dos grupos o más para que compitan en uno o varios de los siguientes juegos:

• Dardos
• Tiro al aro

- Concursos para ver quien termina antes de comer o beber (por ejemplo, una banana, una manzana, un litro de gaseosa con un sorbete)
- Responder preguntas
- Imaginario
- Cantidad de veces que pueden cabecear la pelota

2) Exagerar la importancia de «ganar» los premios o resultar vencedor en el entretenido juego de Tiro al aro. Entrevistar a los alumnos para descubrir cómo se sintieron al ganar o al perder. Usar también la pregunta: **¿Por qué piensan que a todos les gusta ganar?**

Observación (5-10 minutos)

Esta sección les proveerá a los alumnos una conexión visual con el concepto de resultar vencedor.

1) Conseguir la película *Rocky IV* en algún negocio local de vídeos.

2) Pasar la escena al final del film donde Rocky pelea contra el boxeador ruso por el campeonato del mundo. La pelea se desarrolla entre avances y retrocesos de Rocky Balboa y el ruso, y termina con una escena culminante en la que se produce la victoria de Rocky. (Aún cuando la película es violenta, muchos de los alumnos pueden haberla visto, y constituye un ejemplo perfecto de lo que significa resultar vencedor.)

3) Si no es posible conseguir el vídeo, sugerimos otra opción. Seleccionar un voluntario y hacerlo salir del salón. Decirle al resto de la clase que el voluntario ha sido declarado vencedor en el concurso de parecidos con el pastor y merece reconocimiento por este gran logro. Traer al voluntario de regreso al salón mientras se le aclama con entusiasmo, y entregarle una golosina como premio por haber ganado el concurso.

Participación (10-15 minutos)

Este ejercicio logrará que todos los alumnos participen activamente en la lectura de las Escrituras al representar pasajes específicos.

1) Decir: **Ahora que hemos visto a una persona alcanzar una victoria, vamos a ver a alguien que experimentó la victoria más trascendente de todas. Esta persona es alguien muy importante para nuestras vidas.**

2) Dividir a los alumnos en cuatro grupos iguales.

3) Asignar a cada grupo uno de los siguientes pasajes:

     a) Juan 20:1-9
     b) Juan 20:10-18
     c) Juan 20:19-23
     d) Juan 20:24-29

4) Darle a cada grupo un tiempo adecuado como para crear una parodia simple personificando lo que han leído en el pasaje e interpretado de él.

5) Permitir que cada grupo presente su interpretación de la historia de la resurrección. Instruir a los otros grupos para que apoyen y aplaudan con entusiasmo cada actuación.

Instrucción (5-10 minutos)

Esta sección ayudará a los alumnos a entender que Jesús ha resultado vencedor sobre el pecado y la muerte debido a la resurrección. Y debido a la resurrección, la fe de ellos tiene sentido hoy y para la eternidad.

Decir: **La resurrección de Jesús de entre los muertos es una de las verdades mas importantes del cristianismo. Su resurrección significa que ha conquistado y vencido a la muerte. En 1 Corintios 15:54 leemos que «la muerte ha sido devorada por la victoria». La resurrección de Jesús también tiene otras implicancias importantes para nuestras vidas. Son las siguientes:**

a) Jesús cumplió su promesa. Dijo que moriría y se levantaría otra vez, y lo hizo. A través de toda la Biblia, Dios y Jesús han sido fieles a sus promesas.

b) Nuestra fe vale mucho debido a la resurrección. La Biblia dice: «Y si Cristo no ha resucitado, nuestra predicación no sirve para nada; como tampoco la fe de ustedes» (1 Corintios 15:14).

c) Podemos tener victoria sobre la muerte a causa de que tenemos vida eterna. La Biblia dice: «Porque tanto amó Dios al mundo, que dio a su Hijo unigénito, para que todo el que cree en él no se pierda, sino que tenga vida eterna» (Juan 3:16).

PROFUNDIZACIÓN

1)Describir la reacción de la gente ante la resurrección de Jesús. ¿Con qué reacción nos identificamos y por qué?

2) En palabras propias, explicar por qué la resurrección resulta tan básica para nuestra fe.

Aplicación (5-10 minutos)

Esta sección ayuda a los alumnos a entender las apariciones personales de Jesús después de su resurrección y les provee una oportunidad para considerar lo que Jesús significa para ellos personalmente, y cómo puede él obrar en sus vidas.

1) Entregar a cada alumno un copia de *Hoja de trabajo sobre la victoria* (página 96)

2) Pedirles que respondan las preguntas.

3) Darles ocasión a que transmitan a los demás algunas de sus respuestas.

4) Si se cuenta con el tiempo suficiente, hacer una conclusión a esta serie pidiéndoles a los alumnos que den testimonio de lo que han aprendido acerca de Jesús durante las últimas semanas. También se deben devolver las cartas que los alumnos escribieron al finalizar la Lección 1. Además, permitirles que expresen si sus sentimientos con respecto a Jesús son diferentes en algo ahora comparados con lo que eran cuando escribieron las cartas al *Querido Jesús*.

Después de su resurrección, Jesús se les apareció a varias personas individualmente y en grupo. A continuación incluimos una serie de cuatro de las apariciones personales de Jesús. Después de leído cada ejemplo, responder la pregunta que sigue. Estas preguntas tienen el propósito de que alcancemos a percibir la manera en que el Jesús resucitado puede influir en nuestra vida hoy.

I. *Jesús se le apareció a María en su dolor* (Juan 20:10-18).

Pregunta: ¿Qué dolor de nuestra vida puede mitigar Jesús?

_____

II. *Jesús se les apareció a los discípulos en su temor* (Juan 20:19-23)

Pregunta: ¿A qué cosas les tememos? ¿Necesitamos que Jesús nos infunda confianza?

_____

III. *Jesús se le apareció a Pedro en su negación* (Juan 21:15-19; ver también Juan 18:15-18, 22-25)

Pregunta: ¿De qué maneras hemos «negado a Cristo»? ¿Necesitamos que Jesús nos perdone?

_____

IV. *Jesús apareció a Tomás en sus dudas* (Juan 20.26-29)

Pregunta: ¿A qué dudas o preguntas necesitamos que Cristo responda?